किस्सा : एक से एक

(बीस मौलिक कहानियों का संग्रह)

वाणी प्रकाशन

21-ए, दरियागंज, नयी दिल्ली-110002

फोन : 23273167, 23275710, 51562622 • फैक्स : 23275710

e-mail : vani_prakashan@yahoo.com

vani_prakashan@mantraonline.com

किस्सा : एक से एक

डॉ. ब्रज मोहन

वाणी प्रकाशन का लोगो
विख्यात चित्रकार मकबूल फिदा हुसैन का
कूची से

ISBN : 81-8143-367-X

वाणी प्रकाशन
21-ए, दरियागंज, नयी दिल्ली-110002
द्वारा प्रकाशित

प्रथम संस्करण : 2005

मूल्य : 150.00
आवरण : वाणी चित्रांकन

एस.एन. प्रिंटर्स, शाहदरा, दिल्ली-110032
में मुद्रित

KISSA : EK SE EK (Stories)
by Dr. Braj Mohan

दो शब्द

मैं, और कहानी लेखक! कभी सोचा भी नहीं था। फिर यह प्रेरणा मुझे कहाँ से मिली? स्कूल में जब से मेरे हाथ में 'चंद्रकांता संतति' पड़ी थी, तभी से मुझे कहानियाँ पढ़ने का शौक़ हो गया था। सच पूछिए तो उसी उपन्यास ने मुझे हिंदी सिखाई, अन्यथा मैं तो स्कूल में उर्दू का विद्यार्थी रहा हूँ।

सन् 1934 में जब मैं काशी हिंदू विश्वविद्यालय में व्याख्याता के पद पर नियुक्त हुआ, आरंभ में बड़े परिश्रम से अपनी कक्षाओं के लिए तैयारी किया करता था। तभी मुझे इस बात का भान हुआ कि पठन की तुलना में पाठन बहुत अधिक श्रमसाध्य होता है। मेरी मेज़ पर गणित की पुस्तकों के अतिरिक्त सदैव दो-एक हिंदी की कहानियों की पुस्तकें रखी रहती थीं। जहाँ गणित के अध्ययन से मानसिक थकान आई, मैं एक कहानी लेकर बैठ गया। कहानी पढ़ने से मस्तिष्क ताज़ा हो जाता था और मैं फिर गणित में जुट जाता था।

इस प्रकार दिन पर दिन कहानियों का शौक़ बढ़ता गया। सन् 1966 में जब मैं दूसरी बार अमेरिका जा रहा था, मेरा पूरा परिवार मेरे साथ था। न्याग्रा प्रपात पर एक विचित्र-सी घटना घटी। मेरे मन में यह विचार आया कि यदि उक्त अनुभव को लेखनी-बद्ध कर दूँ तो संभव है उसमें कहानी की रोचकता आ जाए। उसे मैंने संक्षेप में 'काशी हिंदू विश्वविद्यालय समाचार' में भेज दिया। उक्त लेख छप गया। फिर वही वृत्तांत विस्तृत रूप में हिंदी में काशी के दैनिक 'जनवार्ता' में छपा।

प्रेमचंद की कहानी 'शतरंज के खिलाड़ी' मैंने कई बार पढ़ी थी। मुझे बहुत पसंद आई थी। मैं स्वयं शतरंज का खिलाड़ी रहा हूँ। मुरादाबाद में गर्मियों की छुट्टियाँ प्रायः सवेरे से शाम तक शतरंज खेलते ही बीतती थीं। विचार आया कि क्यों न मैं भी अपने कुछ अनुभवों में कल्पना मिलाकर शतरंज के खेल पर एक कहानी लिख दूँ? यदि कहीं न भी छपी तो भी मुझे संतोष होगा कि कम-से-कम कहानी लिखने का अनुभव तो हुआ।

'शतरंज के शौक़ीन' नाम से कहानी लिखकर मासिक 'संकल्प' (हैदराबाद) में भेजी। तुरंत छप गई। इससे मेरा उत्साह बढ़ा। एक-एक करके बीस कहानियाँ

लिख गया। उनमें से कई मासिक पत्रिकाओं में भेजीं। दो-तीन प्रकाशित हुईं। दो-तीन वापस लौट आईं। इस तरह नौ कहानियाँ छप चुकी थीं। इतना धैर्य नहीं कि सबको पत्रिकाओं में ही छपने को भेजूँ क्योंकि इस प्रकार प्रकाशित होने में तो वर्षों लग जाएँगे।

अस्तु! अभी कुछ ही वर्ष पहले, मेरी बीस गल्पों का पहला संग्रह 'मोहन कुंज' नाम से प्रकाशित हुआ। उसके प्रकाशक थे 'हिंदी प्रचारक संस्थान, पिशाच मोचन, वाराणसी।' यह उसी शृंखला की दूसरी कड़ी है। विचार तो यह है कि अभी ऐसे ही कई और संग्रह हिंदी जगत् को दूँ। किंतु अब मैं 'वयोवृद्धों' की श्रेणी में आ चुका हूँ। कह नहीं सकता कि मेरा स्वास्थ्य और आँखें कब तक मेरा साथ देंगे।

मैं अपने मित्र श्री धर्मराज मिश्र का आभारी हूँ जिन्होंने इस पुस्तक की हस्तलिपि को मुद्रलिखित रूप देने में मेरी बड़ी सहायता की है।

–डॉ. ब्रज मोहन

कहानी-क्रम

किस्सा : एक से एक

लालाजी

क

जिला बदायूँ में एक तहसील सहसवान है। उस तहसील में बारह मुहल्ले हैं जो एक-दूसरे से दूर-दूर पर फैले हुए हैं। बीच में एक बाजार है जिसे वहाँ के निवासी बजरिया कहते हैं।

बारह मुहल्लों में से एक मुख्य मुहल्ला है 'सहफुल्ला गंज' जो बजरिया से लगभग आधा किलोमीटर दूर है। कस्बा सहसवान के निवासियों की प्रायः सभी आवश्यकताएँ बजरिया से ही पूरी होती हैं। यों सहफुल्ला गंज में भी एक मोदी, पनवाड़ी और एक सुनार की दुकान भी है जिन पर छोटी-मोटी चीज़ें मिल जाती हैं।

लाला बेनीराम सहफुल्ला गंज के निवासी हैं। अवस्था पचहत्तर के आसपास है। उनके दो लड़के हैं—रामनाथ और श्यामनाथ। रामनाथ स्कूल में आठवीं कक्षा तक पढ़े थे। उन्होंने 'पूर्व रेलवे' की स्टेशन मास्टरी की परीक्षा पास की थी और उसमें प्रथम हुए थे। उन दिनों स्टेशन मास्टरों का वेतन चौदह रुपये मासिक रहता था। जब रामनाथ के पास स्टेशन मास्टरी का प्रस्ताव आया, इन्होंने लिख भेजा :

मैं परीक्षा में सर्वप्रथम हुआ हूँ। मैं पंद्रह रुपये से कम नहीं लूँगा।

पूर्व रेलवे ने इन्हें पंद्रह रुपये पर ही नियुक्त कर दिया। तब से इनकी जगह-जगह बदली होती गई। आजकल ये बरेली-चँदौसी लाइन के 'आँवला' स्टेशन पर नियुक्त हैं। इनके ढेर सारे बच्चे हैं। ये जीवन-भर बड़े ही ईमानदार रहे। बहुत से स्टेशन मास्टर जमादारियाँ खरीद लेते हैं, मकान बनवा लेते हैं, इलाके लगा लेते हैं। किंतु इन्होंने कभी एक पैसे की 'ऊपरी आमदनी' नहीं जानी। अतएव ये सदैव ग़रीब ढंग से ही रहे।

श्यामनाथ बरेली में वकालत करते हैं और इनकी गिनती नगर के अच्छे वकीलों में है। इनके चार संतानें हैं। दो पुत्र और दो पुत्रियाँ। प्रायः सभी स्कूल जाते हैं।

रामनाथ का बड़ा लड़का दयाराम कानपुर में बी.ए. कक्षा में पढ़ता है। उसके पिताजी तो उसकी कोई सहायता नहीं कर पाते। चाचा श्यामनाथ उसे तीस रुपये मासिक भेज देते हैं। उसी से वह किसी तरह निर्वाह कर लेता है।

बेनीराम सहफुल्ला गंज में अपने पुश्तैनी मकान में रहते हैं। मकान काफी बड़ा है, अतः उसका अधिकांश इन्होंने किराये पर उठा रखा है। किरायेदार छज्जू मल बजरिया में कपड़े की दुकान करते हैं। उनके रामू नाम का नौकर है जो उनकी दुकान पर भी काम करता है, और घर पर भी। वही रामू कभी-कभी बेनीराम का हुक्का भर देता है, यों सामान्यतः तो वह स्वयं ही भरते हैं। बदले में वे उसे भी अपनी चिलम में दम मार लेने देते हैं।

बेनीराम की एक विधवा भतीजी है बतसिया। वह किस ढंग की भतीजी है, यह कहना तो कठिन है किंतु वह उन्हें 'चिच्चा' कहकर पुकारती है। दोनों समय इनकी रोटी बनाती है और बर्तन माँज देती है। बदले में उसे भी भोजन मिल जाता है।

बेनीराम का भोजन बहुत सादा होता है। उसमें सामान्यतः तीन वस्तुएँ होती हैं :

(1) गेहूँ की रोटी
(2) अरहर की दाल
(3) कुएँ का पानी।

चारों ऋतुओं में, बारहों महीने, दोनों वक्त उनके भोजन में यही तीनों पदार्थ रहते हैं। यदि कभी उनके बेटों में से कोई आ गया तो अरहर की दाल के बदले आलू की तरकारी बन जाती है। यदि कभी सत्कार की भावना बहुत जाग्रत हो गई तो चौथी चीज 'चावल' भी बन जाती है। किंतु जब कभी कोई लड़का अपने परिवार सहित आ जाता, तो वह मनमाने ढंग से दाल, तरकारी, चटनी, पापड़ सब कुछ बनवाता है। किंतु उसके लिए बेनीराम की जेब से कोई पैसा नहीं निकलता। इस ढंग के भोजन को बेनीराम 'फिजूलखर्ची' कहते हैं।

गर्मियों की छुट्टियों में दयाराम घर आता था। बरेली और 'आँवला' का चक्कर लगाकर कुछ दिन के लिए सहसवान भी आता था। बेनीराम दुबले-पतले थे और दयाराम मोटा-ताजा। जब तक सहसवान रहता बाबा की बड़ी सेवा करता। उनकी चिलम स्वयं भरता, उन्हें साबुन से स्वयं नहलाता, रात को सोते समय उनके पाँव दबा देता। जाते समय बाबा उसे सदैव पाँच रुपये दिया करते। एक बार उसकी सेवा से बहुत प्रसन्न हो गए थे, तो छह रुपये दिए थे।

एक बार पड़ोस से किसी ने अपने बाग के अंगूर भेजे। बेनीराम ने उन्हें ऊँचे आले पर रख दिया। दो दिन बाद दयाराम आ गया। तो बाबा को अंगूर की याद आई। बोले, "बबुआ, ऊपर आले पर से अंगूर उठाकर खा ले।"

दयाराम ने अंगूर उतारे। पीले पड़ गए थे। बोला, ''बाबा, ये तो सड़ गए हैं।''

बाबा बोले, ''तेरा दिमाग सड़ गया है।'' यह कहकर बेनीराम ने अंगूर खा लिए।

बेनीराम साधारणतः कुर्ता-धोती पहनते थे। सिर पर टोपी भी लगाते थे। लगभग 11 वर्ष पहले उनके वकील पुत्र ने उन्हें वह टोपी दी थी। वह 'फेल्ट' के ढंग की थी। तब से कभी धुली नहीं थी। किंतु काम बराबर दे रही थी। इस समय उसका रंग मटमैला है, पहले क्या रंग था यह जानने के लिए अब कोई साधन नहीं है।

बेनीराम के पास एक पाजामा था जो अपने ही ढंग का था। न उसे चूड़ीदार कह सकते थे, न चौड़ा, न अलीगढ़ कट। वह हल्के जाड़ों के लिए बेजा नहीं था। हर साल जाड़ों के आरंभ में उसे धुलवा लेते थे और फिर जाड़ों के अंत तक उसे पहनते थे।

एक दिन दयाराम ने कहा, ''बाबा, यह पाजामा कई जगह से फट गया है। एक दूसरा पाजामा बनवा लो।''

बाबा बोले, ''तुम्हारा दिमाग़ फट गया है। यह अभी वर्षों काम देगा।''

एक दिन दयाराम ने कहा, ''बाबा, मुझे इस संदूक की ज़रूरत है।'' बेनीराम बोले, ''मेरे पास संदूक फालतू पड़ा है। ले जा।''

बाबा अंदर की कोठरी में गए। पुराने ढंग का एक टीन का बक्सा रखा हुआ था, सो उठा लाए। उसके ढक्कन पर इतने गड्ढे पड़ गए थे कि उसकी आकृति को कोई नाम देना यूक्लिड के लिए भी कठिन होता।

दयाराम बोला, ''बाबा, यह संदूक अब किस काम का रह गया है।''

बाबा बोले, ''एक चनकट पड़ जाए तो सब पता चल जाए कि किस काम का रह गया है। जा में बिगरो का है?''

बतसिया बेचारी ठेठ गँवार थी। एक दिन खाना बनाने चौके में पहुँची ही थी कि किसी ने बाहर से आकर आवाज़ दी, ''लाला बेनीराम।''

बेनीराम ने पूछा, ''कौन है?''

आगंतुक एक पड़ोसी था। बोला, ''आज मेरे लड़के का जनेऊ है। आपको भोजन का निमंत्रण है। अभी एक घंटे में आ जाइएगा।''

बेनीराम के पेट में गड़बड़ थी। निमंत्रण में जाने की इच्छा नहीं थी। बोले, ''खाना तो मैं खा चुका हूँ।''

बतसिया सब सुन रही थी। चौके में से ही बोली, ''चिच्चा! तुम्हें खाना हो तो जैसी कहो, न खाना हो तो जैसी कहो।''

ख

लाला बेनीराम का मुख्य शौक था हुक्का पीना। वे हर काम के पहले और पीछे हुक्का पीते थे। नहाने के पहले और पीछे, खाने के पहले और पीछे, सोने के पहले और पीछे। रात भर उनकी अँगीठी में एक उपला सुलगता रहता था। यदि रात के बीच में किसी भी कारण आँख खुल गई तो फिर बिना हुक्का पीए नहीं सोएँगे। यदि हुक्का पीकर उठे हैं और नहाने जा रहे हैं, और इसी बीच किसी ने आवाज दे दी तो दरवाजे तक जाएँगे। जब आगंतुक से बात करके लौटेंगे तो फिर हुक्का पीएँगे। तत्पश्चात् ही नहाने जाएँगे।

बेनीराम दोपहर के भोजन के बाद दो घंटे आराम करते थे। एक दिन खाना खाकर हुक्का पी चुके थे। लेटने जा रहे थे कि इतने में ही वर्षा आ गई। ऊपर इनकी धोती सूख रही थी। दौड़े हुए छत पर गए। धोती उतारकर ले आए। फिर हुक्का पिया, तब लेटने गए।

एक दिन घर से निकल ही रहे थे, कि तरकारी वाली आ गई। उससे आलू मोल लिए। फिर घर में लौटे, हुक्का पिया और तब निकले।

घिरघट सुनार बेनीराम का बचपन का साथी था। वह कुछ पढ़ा-लिखा भी था। उसकी दुकान भी सहफुल्ला गंज में ही थी। बेनीराम उसकी दुकान पर प्रतिदिन दोनों समय जाते थे। यों कहना चाहिए कि इनका आधा दिन उसी दुकान पर बीतता था।

दुकान पर दोनों में चिलम प्रतियोगिता चलती थी—दे चिलम, दे चिलम, दे चिलम। दोनों के हुक्के अलग-अलग थे, किंतु चिलम एक ही चलती थी। जितनी देर चिलम बेनीराम के हुक्के पर रहती, उतनी देर घिरघट अपना, सुनारी का काम करता। यों उसके काम में उसके बेटे भी हाथ बँटाते थे।

यदि किसी को बेनीराम से कोई काम होता तो वह घिरघट की दुकान पर ही आता था। यदि कोई घर पर इनसे मिलने आता तो इन्हें रुचिकर नहीं लगता।

एक दिन इनके बगल के मुहल्ले का रहने वाला नेमू इनके घर पर आ गया। वह इनसे रोजगार में लगाने के लिए कुछ रुपया उधार लेना चाहता था। यों बेनीराम ब्याज बट्टे पर छोटी मोटी रकमें दिया करते थे, किंतु उसको देने की इनकी नीयत नहीं थी। उसे बहुत टालने का प्रयत्न किया, किंतु वह टला नहीं। जम कर बैठ गया।

बेनीराम ने घर पर एक मिट्टी की गुरइया भी रखी हुई थी। इन्होंने गुरइया मँगाई और रामू को आवाज़ लगाई—

बेटा रामू, चौबन्दी चिलम भर दे।

रामू इनके इशारे समझता था। वह चिलम में तंबाकू के ऊपर ढेर-सी राख

रखकर ऊपर से आग बिठाकर ले आया। बेनीराम ने गुरइया पर चिलम रखकर सत्कार दिखाने के विचार से पहले नेमू के आगे रख दी। अब नेमू चिलम पी रहा है किंतु धुआँ बिल्कुल नहीं निकल रहा है।

नेमू काफी देर तक गुरइया गुड़गुड़ाता रहा। धुआँ न निकला। तब उसने चिलम बेनीराम के हुक्के पर रख दी। बेनीराम ने हुक्का पीना शुरू किया। तब तक आग तंबाकू तक पहुँच चुकी थी। धुआँ निकलने लगा। नेमू समझ गया कि उसके साथ चालाकी हुई। उसने सोचा कि अगली बार पहले चिलम बेनीराम के आगे ही रख देगा।

थोड़ी देर में बेनीराम ने रामू से कहा, "बेटा चकबंदी चिलम भर ला।"

रामू ने तंबाकू पर आग और आग के ऊपर ढेर सारी राख रख दी। बेनीराम नेमू के आगे चिलम बढ़ाने लगे तो वह बोला, "लालाजी, पहले आप पीजिए।"

बेनीराम ने हुक्का पीना आरंभ किया। तुरंत धुआँ निकलने लगा। जब तंबाकू जल गया और राख के कारण आग भी बुझने लगी, तब चिलम नेमू की गुरइया पर रख दी। अब वह बेचारा कश पर कश लगाए जा रहा है किंतु धुआँ काहे को निकले।

नेमू ने निश्चय किया कि अब की बार आदि से अंत तक चिलम वही पीता रहेगा।

बेनीराम ने आवाज लगाई–

बेटा रामू दलबंदी चिलम भर दे।

रामू बिना तंबाकू की चिलम भर लाया। नेमू उसे आधे घंटे तक सूंतता रहा। किंतु धुएँ का एक कण भी न निकला।

नेमू उस दिन से फिर कभी बेनीराम के पास आया ही नहीं।

एक दिन बेनीराम प्रतिदिन की भाँति, घिरघट की दुकान पर बैठे हुए थे। एक पढ़े-लिखे सज्जन दुकान पर आए। उन्हें कोई गहना बनवाना था। वे उसी दिन सहफुल्ला गंज पहुँचे थे जहाँ उनकी नंसाल थी। कट्टर आर्यसमाजी थे।

घिरघट ने शिष्टाचार के नाते उनसे पूछा–बाबूजी, हुक्का पियोगे?

वे बोले–हरे राम, राम, राम? स्वामी दयानंद ने तंबाकू का निषेध किया है। यह तो फेफड़ों को सड़ा देता है, शरीर को गला देता है, मुँह से बदबू देता है, सो अलग।

बेनीराम उसे आग्नेय नेत्रों से देखने लगे। घिरघट बोला–

"बाबू साहब। जब किसी गाँव में किसी का बहिष्कार करना होता है तो कहते हैं कि 'इसका हुक्का, पानी बंद कर दो।' क्या इस कहावत का कोई अर्थ ही नहीं है।

बाबू साहब–लोग बुरी चीज़ को जल्दी अपनाते हैं, इसलिए लोगों को हुक्के

की इतनी आदत पड़ गई और इसका इतना प्रचार हुआ।

घिरघट—और हुक्के का पानी दवाइयों में पड़ता है सो?

बाबू साहब—बहुत से ज़हर भी तो दवाइयों में पड़ते हैं, किंतु हम ज़हर पीने की आदत तो नहीं डालते।

घिरघट—बाबू साहब, ख़ाने की कितनी ही चीजों में ज़हर होता है। क्या नमक और चीनी में मंद विष नहीं है फिर इन वस्तुओं का खाना भी छोड़ दीजिए।

बाबू साहब को कुछ जवाब न सूझा तो बगलें झाँकने लगे। बोले—आखिर आप लोगों को इसमें क्या मजा आता है जो आप दिन भर हुक्के से चिपके रहते हैं?

घिरघट—बाबू साहब। हुक्के का मजा वही जानता है जो पीता है। जानते हैं हुक्का पीने में कब-कब आनंद आता है?

नहाकर, कुछ खाकर, सोकर, मुँह धोकर।

जब मनुष्य नहाकर उठता है, शरीर में ताज़गी आई होती है। उस समय हुक्का स्फूर्ति देता है।

यदि खाने के बाद हुक्का पिया जाए तो उसका पाचन करता है। अशुद्ध वायु को शरीर से निकालता है। यह बात वही लोग समझते हैं जिन्हें वायु दोष होता है। यों थोड़ा बहुत लाभ तो सभी को करता है।

जब मनुष्य सोकर उठता है, सुस्ती छाई रहती है। सुस्ती दूर करने के लिए हुक्के से बढ़िया कोई चीज़ है ही नहीं।

और यदि मुँह धोकर हुक्का पिया जाए तो उसकी ठंडी आग पेट में एक मज़ेदार गुदगुदी पैदा करती है।

यही सब सोच-समझकर चरक और सुश्रुत ने न जाने कितने गुण हुक्के के बताए हैं।

बाबू साहब बोले, आपने यह तो बताया कि हुक्का कब अच्छा लगता है। कभी हुक्का बुरा भी लगता है या नहीं।

बाबू साहब ने सोचा कि इस बात पर घिरघट निरुत्तर हो जाएगा। किंतु ऐसा नहीं हुआ। वह बोला, चार अवसरों पर हुक्का अच्छा नहीं लगता—आँधी में, अँधेरे में, धूप में और भूख में।

बाबू साहब—जरा इसकी भी व्याख्या कीजिए।

घिरघट—आँधी में कोई हुक्का पीएगा तो चिनगारियाँ उड़-उड़कर दूर-दूर जाएँगी। आग लगने का डर है।'

हुक्के का मजा तभी है जब धुआँ दिखाई देता रहे। अँधेरे में धुआँ दिखाई नहीं देता।

हुक्केबाजों का यह अनुभव है कि धूप में चिलम रखने से आग 'झें' जाती

है, अर्थात् जल्दी राख हो जाती है। अतः धूप में हुक्का पीने में कोई आनंद नहीं आता।

और भूख के समय तो पेट-पूजा की सूझती है। हुक्का तो उसके बाद ही पिया जाता है।

ग

दयाराम एक सप्ताह सहसवान रहकर कानपुर जा रहा है। इस बार उसने बाबा की बड़ी सेवा की। बाबा उससे बड़े प्रसन्न हुए। उसने अवसर देखकर कहा, ''बाबा, चाचाजी, मुझे तीस रुपये प्रतिमास भेजते हैं। उसमें पूरा नहीं पड़ता। यदि आप भी मेरी थोड़ी सी सहायता कर दें तो मेरी पढ़ाई सुविधा से हो जाए।''

बाबा ने कहा, ''अच्छा बचुआ। मैं तुम्हें पाँच रुपये महीना भेजा करूँगा।''

दयाराम बड़ा प्रसन्न मन कानपुर पहुँचा। अगला महीना आरंभ हुआ। पहली तारीख से पाँच रुपये के मनीऑर्डर की बाट देख रहा है। मनीऑर्डर आज आए, कल आए किंतु मनीऑर्डर ने आकर ही न दिया।

ऐसा नहीं कि बेनीराम अपना बचन भूल गए हों। अगला महीना प्रारंभ हुआ कि उन्होंने घिरघट से कहा कि बचुवा को पाँच रुपये का मनीऑर्डर भेजना है। कोई डाकखाने जाता हुआ दिखाई दे तो उससे फॉर्म मँगा लेना।

डाकखाना बजरिया में था। बेनीराम का तो बजरिया तब जाना साल में दो बार ही होता था और फिर ऐसे फालतू काम के लिए कौन इतनी दूर आधा किलोमीटर जाए?

अतः ऐसे व्यक्ति की खोज होने लगी जो बजरिया जाता हो। जो कोई परिचित मिलता उससे कहते कि कोई बजरिया जाता हुआ दिखाई दे तो उससे मनीऑर्डर फॉर्म मँगवा लेना। बचुआ को मनीऑर्डर भेजना है।

सारे सहफुल्ला गंज को मालूम हो गया कि लाला बेनीराम को एक मनीऑर्डर फॉर्म चाहिए। चार-पाँच दिन बीत गए। एक दिन एक व्यक्ति ने फॉर्म लाकर दे दिया। बेनीराम ने फॉर्म लेकर घिरघट की दुकान पर रखवा दिया।

अब प्रश्न यह था कि इसे किससे भरवाया जाए। कोई अँग्रेजी पढ़ा-लिखा व्यक्ति चाहिए। दो-चार दिन इसी खोज में बीत गए।

एक दिन किसी ने आकर कहा कि बग़ल के मुहल्ले में रघुआ का लड़का आठवीं कक्षा तक पढ़ा हुआ है। बदायूँ के किसी कार्यालय में लिपिक है। आज कल यहाँ आया हुआ है।

तुरंत घिरघट के लड़के को दौड़ाया गया। वह रघुआ के लड़के को बुलाकर लाया।

फॉर्म भरवाया गया। अगली समस्या यह थी कि इसे कौन डाकखाने लेकर जाए। भरा हुआ फॉर्म घिरघट की दुकान पर रख दिया गया।

अगले दिन लोगों ने देखा कि लाला बेनीराम घिरघट की दुकान के पास ही बीच में सड़क पर खड़े हुए हैं। रास्ता चलतों ने पूछा, ''क्यों लालाजी कैसे खड़े हैं?''

लालाजी का टकसाली उत्तर होता, बचुआ को मनीऑर्डर भेजना है। फॉर्म भरा हुआ रखा है। कोई डाकखाने जाता हुआ मिले तो उसके हाथ भेज दें, इसी फिकर में खड़े हैं।

कई दिन और बीत गए। एक दिन एक व्यक्ति मिल ही गया जो डाकखाने जा रहा था। बेनीराम उसे लेकर घिरघट की दुकान पर पहुँचे। घिरघट खाना खाने गया हुआ था। उसका लड़का बैठा हुआ था। उससे कहा कि मनीऑर्डर का भरा हुआ फॉर्म निकाल दे।

लड़का सारी दुकान में खोज आया। उसे कहीं फॉर्म नहीं मिला। उसने कहा, ''पता नहीं, पिताजी कहाँ रख गए हैं। वह खाना खाकर आ जाएँ तो पता चले।''

वह व्यक्ति इतनी देर तो रुका नहीं रहता। अपने काम से चला गया।

दो-चार दिन और बीत गए। एक सज्जन और मिल गए जो डाकखाने जा रहे थे। उन्हें लेकर बेनीराम दुकान पर पहुँचे। घिरघट दुकान पर बैठा था। उससे फॉर्म माँगा। वह दुकान के अंदर की कोठरी में गया और फॉर्म ले आया। कोठरी में एक पुरानी अँगीठी रखी हुई थी जो अब काम में नहीं आती थी। घिरघट ने सुरक्षा के विचार से फॉर्म उस अँगीठी में रख दिया था।

बेनीराम उस व्यक्ति को फॉर्म और रुपया देने ही वाले थे कि घिरघट को एक विचार आया। वह बोला, लाला, आज 26 तारीख है। यह महीना तो अब बचुआ का किसी प्रकार कट ही गया। अब रुपया भेजने की क्या आवश्यकता है? अगले महीने के आरंभ में ही क्यों न भेजो?

बात पक्की थी। लाला बेनीराम की समझ में आ गई। मनीऑर्डर रोक लिया गया।

कालिज के विद्यार्थियों के पास, गर्मियों की छुट्टियों के दो महीने छोड़कर, वर्ष भर में दस मनीऑर्डर पहुँचा करते हैं। लाला बेनीराम के मनीऑर्डर के फॉर्म हर महीने इसी प्रकार कलाबाजी खाया करते थे। साल भर में केवल एक मनीऑर्डर दयाराम के पास पहुँच पाया।

घ

बेनीराम बचपन से ही कंजूस थे। यथा साध्य पैसे के तीन धेले भुनाते थे। इन्हें जेब खर्च के लिए दो पैसे दैनिक मिलते थे। उनमें से एक पैसा तो ये प्रतिदिन अपनी गुल्लक में डाल देते थे। दूसरा पैसा किसी दिन खर्च कर देते थे, किसी दिन वह भी गुल्लक में पहुँच जाता था। बेनीराम बदायूँ की कचहरी के एक विभाग में सहायक नियुक्त हो गए। विवाह के बाद कई वर्ष तक इनके कोई संतान नहीं हुई। इन्होंने मनौती मनाई कि यदि इनके पुत्र होगा तो ये एक 'नीलम की टोपी' शिव मंदिर में चढ़ाएँगे।

भगवान की कृपा से इनके पुत्र हो गया। अब इनको फ़िकर हुई कि क्या वास्तव में नीलम की टोपी दान करनी होगी। इनके पड़ोस में इनके मित्र बाबा बिशंभर नाथ वकील रहते थे। जो इनसे तीन-चार वर्ष बड़े थे। इन्होंने उनसे परामर्श किया। वकीलों के लिए किसी समस्या का हल निकालना कौन-सी मुश्किल बात है?

लड़के का आधिकारिक नाम तो रामनाथ रखा गया। पुकारने का नाम इन्होंने 'नीलम' रख दिया। कुछ दिन बाद उसके लिए एक मामूली-सी टोपी बनवा ली जो 'नीलम की टोपी' कहलाने लगी। वही टोपी कुछ दिन बाद इन्होंने शिव मंदिर में चढ़ा दी।

एक बार रामनाथ सख्त बीमार पड़ा। लेने के देने पड़ गए। बेनीराम ने मनौती मानी कि यदि रामनाथ अच्छा हो जाएगा तो पाँच तोले सोना दान करेंगे।

लड़का अच्छा हो गया। बेनीराम की फिर नीयत बिगड़ी दुबारा इनके वकील-मित्र काम आए। इन्हीं के मुहल्ले में एक गरीब बुढ़िया रहती थी। उसे बुलाकर इन्होंने कहा कि "हमारा पुत्र स्वस्थ हो गया। इस खुशी में हम तुम्हें दस किलो गेहूँ दान में दे रहे हैं।"

बुढ़िया ने इन्हें हृदय से आशीर्वाद दिया। बोरी में दस किलो गेहूँ भरकर उसे दे दिया और गेहूँ के बीच में पाँच तोले सोना रख दिया।

बुढ़िया से दस किलो की बोरी उठ नहीं रही थी। गली में पहुँची ही थी कि बेनीराम का हरकारा पहुँचा। उसने कहा, "लालाजी कहते हैं कि तुमसे बोरी उठ नहीं रही है। बाज़ार में ये गेहूँ दो रुपये से अधिक नहीं बिकेगा। हम तुमसे यह पाँच रुपये में खरीद लेते हैं यह लो पाँच रुपये और कहा इससे भी बढ़िया गेहूँ आने वाला है। उसमें से तुम्हें दस किलो दे देंगे। एक-एक किलो प्रतिदिन ले जाना।

बुढ़िया ने पाँच रुपये टेंट में दबाए और बच्चे को आशीष देती हुई चली गई।

बेनीराम की पत्नी बहुत मोटी थी। दिन-रात उससे कहा करते थे कि खाना कम खाया करो। तभी यह मोटापा घटेगा। वह बेचारी भूखी रह जाती थी। इनसे

छिपा-छिपाकर खाती थे।

एक दिन इनकी पत्नी ने वकील साहब की पत्नी को सब हाल सुनाया। कहा कि मुझे पेट भर खाने नहीं देते। उसने बेनीराम को समझाया, देखिए लालाजी, भूख से अधिक कोई नहीं खाया करता। आप इनकी खुराक को मत टोका कीजिए।

अगले दिन बेनीराम ने वकील साहब के घर जाकर उनकी पत्नी से कहा कि देखिए भाभी जी, आज मैंने आपकी देवरानी के लिए एक किलो घी का टीन लाकर रख दिया है, और कह दिया है कि जितना मर्ज़ी हो, उतना खाओ।

उदारता हो तो ऐसी हो।

ङ

जब बेनीराम सेवा-निवृत्त हुए तो कभी-कभी लड़कों के पास जाकर सपत्नीक महीनों रहते थे। एक बार रामनाथ के घर पर रह रहे थे। उन दिनों रामनाथ 'रोज़ा' स्टेशन पर नियुक्त थे। उन्हें काफी बड़ा मकान मिला हुआ था। उसमें एक कमरा बेनीराम के पास था।

सारा घर बेनीराम की आदतों से तंग था। रामनाथ को चिलम से उतनी ही घृणा थी जितना बेनीराम को उससे प्रेम था। घर पर एक लड़का नौकर था जो दिनभर उनकी चिलम भरा करता था। एक दिन उन्होंने कई बार उसे आवाज़ देकर कहा कि 'चिलम भर ला।' किंतु चिलम भरकर न आई।

तब बेनीराम घर के अंदर गए। लड़का कहीं काम से गया हुआ था। एक छोटा पोता खड़ा हुआ था। उससे पूछा, "तूने क्यों न भर दी?" वह डरते-डरते बोला, "पिताजी ने चिलम छूने को मना कर दिया है।"

इतना सुनना था कि बेनीराम आगबबूला हो गए। तुरंत अपना असबाब बाँधकर चलने को तैयार हो गए। रामनाथ तो घर पर थे नहीं। उनकी पत्नी ने बहुत अनुनय-विनय की, किंतु वे टस-से-मस न हुए। बोले, जहाँ मेरी चिलम की इज़्ज़त नहीं वहाँ मेरी इज़्ज़त कहाँ। जहाँ मेरे हुक्के का सम्मान होगा, वहीं जाऊँगा।

बेनीराम पत्नी सहित रोज़ा से चल दिए। बरेली पहुँचकर श्यामनाथ के घर रहने लगे। इनकी पत्नी भी दो-चार महीने इनके साथ रही। फिर सहसवान चली गई।

बेनीराम बरेली में वर्षों रहे। इनकी पत्नी बीच-बीच में सहसवान से आकर महीने दो महीने इनके साथ रह जाती थी।

बरेली में एक मोटरकार विक्रेता थे धनीराम। एक दिन अपनी दुकान पर बैठे अपने मित्र गोपालचंद्र से बातें कर रहे थे कि इतने में बेनीराम उनकी दुकान के

सामने से गुज़रे।

धनीराम ने पूछा—इन्हें जानते हो?

गोपालचंद्र बोले—नहीं।

धनीराम—ये नगर के प्रतिष्ठित वकील श्यामनाथ के पिता हैं। इनकी महिमा अपार है।

गोपालचंद्र—क्यों, क्या कोई विशेष बात है?

तब धनीराम ने यों कहना आरंभ किया—

बात यह है कि श्यामनाथ जी का विचार एक कार खरीदने का है। उन्होंने मुझसे कह रखा था कि जब किसी नए नमूने की कार आए तब उन्हें दिखाऊँ। एक बार मैं छोटी फ़ियट लेकर पहुँचा। वकील साहब ने कहा कि पिताजी को दिखा लूँ।

मैं बेनीराम जी के पास गया। इन्होंने कहा कि कुछ दूर उस पर चढ़कर देखेंगे। मैं इन्हें दो-चार किलोमीटर ले गया। इन्होंने अगले दिन आने को कहा।

मैं अगले दिन गया तो बोले कि कार तो अच्छी है, किंतु घर के बच्चे भी चाहते हैं कि एक बार इस पर चढ़कर थोड़ी दूर सैर कर आवें। मैं बच्चों को भी करा आया।

अगले दिन फिर पहुँचा तो बोले कि मुहर्रिरों और नौकर-चाकरों की भी इच्छा है कि एक बार कार की सवारी करें।

मैं एक दिन उनको भी ले गया।

अगले दिन फिर पहुँचा तो बोले कि कार तो सबको पसंद है। केवल एक ही दिक्क़त है।

मैं बोला—वह क्या?

बेनीराम—कार इतनी छोटी है कि सारा घर इसमें अँटेगा नहीं।

मैं बोला—हाँ सो तो है।

बेनीराम—एक काम करो। अगली बार, कोई बड़े आकार की गाड़ी आवे तो दिखाना।

कुछ दिन बाद मैं 'हिंदुस्तान' गाड़ी लेकर पहुँचा। फिर वही क्रिया दुबारा हुई। पहले दिन बेनीराम ने उस पर सवारी गाँठी, दूसरे दिन बच्चों ने, तीसरे दिन नौकरों ने।

तत्पश्चात् मैं पहुँचा तो बेनीराम जी बोले, भई, कार तो बहुत अच्छी है, क्या कहने हैं, केवल एक ही कठिनाई है।

मैं बोला—वह क्या?

बेनीराम—कार बड़ी है। इसमें पेट्रोल का ख़र्चा अधिक होगा।

मैं बोला—हाँ, सो तो होगा। तब फिर?

बेनीराम—अगली बार जब कोई छोटी कार आए तो दिखाना।

यही क़िस्सा न जाने कितनी बार हो चुका है। हर बार तीन-तीन दिन तक सैर करते हैं। छोटी कार होती है तो सब बच्चे उसमें अँटते नहीं, बड़ी होती है तो पेट्रोल अधिक माँगती है। पाँच-छह वर्ष से यही तमाशा हो रहा है। आज तक कोई कार खरीदी नहीं।

गोपालचंद्र—तुम जानते हो कि इन्हें कार खरीदनी नहीं है तो क्यों बार-बार इन लोगों को उस पर सवारी कराने ले जाते हो?

धनीराम—मुझे तो यों भी नई कार की, थोड़ी दूर चलाकर, परीक्षा करनी होती है। इन लोगों को बिठा लेता हूँ तो मेरा बिगड़ता क्या है?

अगले दिन सहसवान से तार आया कि बेनीराम की पत्नी की दशा चिंताजनक है। बेनीराम दौड़े गए। जब घर पहुँचे तो उनकी पत्नी अंतिम साँसें ले रही थीं।

पत्नी के देहांत के बाद बेनीराम स्थायी रूप से सहसवान ही रहने लगे।

च

बेनीराम रोग शय्या पर पड़े हुए हैं। दोनों बेटे सपरिवार सहसवान आए हुए हैं अभी तक बेनीराम होश में हैं। इतने ही में दयाराम ने पहुँचकर उनके चरण छुए।

बेनीराम ने कहा, बचुवा, वकालत पास कर ली?

दयाराम—जी हाँ, बाबा, आपके आशीर्वाद से मैं पास हो गया।

बेनीराम—अच्छा बताओ, सौ रुपये के मूल्य के मुकदमे पर कितने का स्टांप लगेगा।

दयाराम—साढ़े सात रुपये का।

बेनीराम—शाबाश। तुम बहुत होशियार हो। तुम्हारी वकालत खूब चलेगी।

दयाराम—आपका आशीर्वाद है, बाबा।

कई दिन बाद की बात है। बेनीराम की दशा बहुत बिगड़ चुकी है। दयाराम ने पूछा, बाबा। आपकी कोई इच्छा हो तो पूरी करें।

बेनीराम—एक...चिलम...

दयाराम स्वयं चिलम भरकर लाया, हुक्का उनकी चारपाई के बग़ल में रखा और निगाली का मुँह उनके होठों से लगा दिया।

किंतु बेनीराम थे कहाँ जो हुक्का पीते?

अपने-अपने अनुभव

क

हम लोग द्वितीय श्रेणी के शयनिका-यान में यात्रा कर रहे थे। उक्त केबिन में छह यात्री थे : चार पुरुष और दो महिलाएँ। एक महिला, जो अधेड़ थी, नीचे की एक बर्थ पर थी। दूसरी उसके सामने की बीच की बर्थ पर।

अधेड़ महिला ने अपना टिफ़िनदान खोल कर खाना शुरू किया। दूसरी महिला, जो एक प्रौढ़ा थी, उसकी ओर ललचायी हुई दृष्टि से देख रही थी। उसके पास न कोई असबाब था न ढंग के कपड़े। काफी गरीब दिखाई पड़ती थी। नीचे वाली महिला ने अपने भोजन में से उसे भी कुछ अंश दिया, जिसे उसने निःसंकोच स्वीकार कर लिया।

नवंबर का महीना था। हलका जाड़ा पड़ने लगा था। सब यात्री अपने-अपने बिस्तर बिछाकर सोने का उपक्रम करने लगे थे। उस गरीब स्त्री के पास ओढ़ने को कुछ नहीं था। काँप रही थी। संपन्न महिला ने पूछा, कहाँ जाओगी? उसने उत्तर दिया, दिल्ली। पहली महिला ने सोचा कि दिल्ली तो गाड़ी सवेरे दस बजे पहुँचेगी। क्यों न इसे एक दुशाला ओढ़ने को दे दूँ?

दुशाला मिलते ही उस स्त्री की बाँछें खिल गईं। वह भी लंबी तान कर सो गई।

सवेरे का झुटपुटा था। नीचे वाली महिला आँख मलती हुई उठी। देखा कि गाड़ी किसी छोटे-से स्टेशन पर खड़ी है और सामने की बर्थ खाली है। वह गाड़ी से स्टेशन की ओर दौड़ी। कठिनाई से आधा मिनट बीता होगा कि गाड़ी ने सीटी दी और उक्त महिला दौड़कर लौटती हुई दिखाई दी। इस हड़कम्प में शेष सारे यात्री उठ गए थे। महिला से पूछने लगे कि क्या हुआ? उसने बताया कि वह स्त्री बग़ल में मेरा दुशाला दबाए स्टेशन पर चली जा रही थी। मैंने आवाज़ देकर कहा कि मेरा दुशाला देती जाओ। वह तेज़ दौड़ी और बोली, मैं क्या जानूँ किसी के दुशाले को? इतने में ही गाड़ी ने सीटी दे दी। मैंने सोचा कि दुशाले के लिए

गाड़ी तो न छोड़ दूँगी। इसलिए दौड़कर लौट आई।

इस घटना को सुनकर चारों यात्रियों को अपने-अपने अनुभव याद आने लगे। सब कहने लगे, रेल में एक से एक बढ़कर चोर और उचक्के लगे रहते हैं। सबसे बढ़िया नीति यही है कि किसी का भी विश्वास न करे। अन्यथा, कभी न कभी, कहीं न कहीं, धोखा खाना ही पड़ता है।

सब यात्री एक-दूसरे का अनुभव सुनने के लिए आतुर हो गए।

ख

पहल डॉ. श्यामदास ने की। आप लखनऊ के बड़े नामी डॉक्टरों में हैं और इस समय 60 वर्ष से ऊपर के दिखाई देते हैं। वे बोले, यह उन दिनों की बात है जब मैं युवावस्था को पार करके परिपक्वता की ओर क़दम बढ़ा रहा था। मेरा काम अच्छा चल रहा था। एक बार प्रथम श्रेणी में यात्रा कर रहा था। उस डिब्बे में केवल एक ही यात्री और थे। देखने में किसी भले घराने के संपन्न व्यक्ति मालूम देते थे। सूट, बूट, टाई, चश्मा, छड़ी—सबसे सुसज्जित थे। फटाफट अंग्रेज़ी बोल रहे थे।

उनसे धीरे-धीरे बातचीत आरंभ हुई। उन्होंने अपनी जेब से एक बहुत ही मूल्यवान और सुंदर सिगरेट-केस निकाला और मुझे एक सिगरेट दिया। मैं सिगरेट का शौक़ीन था। सिगरेट लेकर पीने लगा, सिगरेट से इतनी भीनी और विचित्र सुगंध निकल रही थी कि मैं मस्त हो गया।

उक्त सज्जन मेरी आँखों की ओर देख रहे थे। दो एक मिनट के बाद वह मेरे अत्यंत पास आ गए और मेरी जेब में हाथ डाल दिया। प्रकट रूप से मैं बिलकुल चैतन्य था किंतु हाथ-पैर चलाने की शक्ति खो चुका था। उस व्यक्ति ने मेरी जेब से गुच्छा निकालकर संदूक खोला। सारी नक़दी ले ली, मेरे हाथ से घड़ी उतार ली, और जो कुछ भी मूल्यवान दिखाई दिया, संदूक में से ले लिया। अगले स्टेशन से कुछ पहले जब गाड़ी की चाल मंद हुई, तब वह सब सामान लेकर उतर गया।

मुझे पता नहीं कितनी देर बाद होश आया। जब मैं अपने आपे में आया, गाड़ी किसी बड़े स्टेशन पर खड़ी थी—कदाचित् प्रतापगढ़। मैंने जाकर स्टेशन मास्टर को सब हाल सुनाया। पुलिस आई। रिपोर्ट लिखवाई। सब मिलाकर तीन-चार हज़ार का सामान गया था। पुलिस ने अपनी खानापूरी कर दी किंतु ऐसा सामान कहीं मिला करता है?

उक्त महिला बोली, "तब आप आगे के लिए तो सचेत हो गए होंगे। फिर किसी की दी हुई सिगरेट तो न पीते होंगे?"

डॉ. बोला, "हाँ, पूर्ण रूप से सतर्क हो गया। उस दिन से आज तक किसी ग़ैर की दी हुई सिगरेट कभी पी ही नहीं।"

महिला ने दूसरे यात्रियों से कहा, "अब आप अपने-अपने अनुभव सुनाइए।"

सब बोले, "हाँ, हाँ, ज़रूर सुनाइए।"

डॉ. साहब ने बीच ही में टोक दिया। अभी थोड़ा-सा क़िस्सा और बाक़ी है।

डॉ. साहब बोले, "उसके कई वर्ष बाद की बात है। मैं फिर प्रथम श्रेणी में यात्रा कर रहा था। एक सज्जन और बैठे थे जो शेरवानी, टोपी, चूड़ीदार पाजामा पहने हुए थे। कपड़े इत्र से महक रहे थे। हाथों में फूलों के गजरे लपेटे हुए थे।

बातचीत होने लगी। उन्होंने बताया कि वे इत्र के व्यापारी हैं। कन्नौज में उनका एक बहुत बड़ा कारख़ाना है। कई पीढ़ियों से उनके यहाँ यही व्यवसाय होता है...।

कहते-कहते उन्होंने एक गजरा हाथ से उतारकर दिया और कहा कि ज़रा, इसकी खुशबू लीजिए। हमारे घर ही के बाग़ में उगाई हुई चमेली है। ऐसी चमेली हिंदुस्तान भर में कहीं नहीं होती।

मैंने गजरा हाथ में लिया और सूँघने लगा। नाक तक ले ही गया था कि उसमें से बहुत ही विचित्र भीनी-भीनी सुगंध आने लगी। मुझे एकदम याद आया कि यह बिलकुल वैसी ही सुगंध है जैसी कई वर्ष पहले उक्त सिगरेट में से आई थी।

मेरा माथा ठनका। मैंने वहीं हाथ रोक दिया।"

चारों चात्री उत्सुकता से बोले, "फिर आपने क्या किया? क्या उसे पुलिस के हवाले किया?"

डॉ. साहब बोले, "वहाँ पुलिस कहाँ रखी थी। फिर, केवल हम ही दो उस डिब्बे में थे, और वह मुझसे तगड़ा था। इसके अतिरिक्त उसके पास अवश्य कोई हथियार भी रहा होगा। मैं बेचारा उससे लड़कर कैसे जीतता?"

हम सब लोग बोल उठे, "फिर आपने क्या किया?"

डॉ. साहब बोले, "मैंने तरकीब से काम लिया। मैं उससे बोला, क्यों यार! यह आपस में ही चालबाज़ी। मैंने न जाने कितनों को चरका दिया है, और तुम मुझ पर ही हाथ साफ़ करने लगे। घर में ही लड़ाई।"

वह बोला, "क्या तुम भी?"

मैंने उसकी आँखों में आँखें डालकर विश्वास जमाने की मुद्रा में कहा "हाँ, मैं भी।"

गाड़ी की गति बहुत तेज़ नहीं थी। इतना सुनते ही वह चलती गाड़ी से उतर पड़ा। उसके बाद उस ढंग की कोई घटना मेरे साथ नहीं घटी।

ग

दूसरे यात्री लाला धन्नूराम थे। इनका व्यापार दिल्ली और कलकत्ते में फैला हुआ था। कई प्रकार के काम थे, कपड़ा, सराफ़ा, आढ़त, दलाली आदि। दोनों नगरों में इनके कई भाई भतीजे काम करते थे। इनका मुख्य काम था दिल्ली से माल कलकत्ते पहुँचाना, कलकत्ते से दिल्ली। इन्होंनें अपने अनुभव इस प्रकार सुनाने आरंभ किए—

मेरा काम ही ऐसा था कि मुझे आए दिनों दिल्ली और कलकत्ते के बीच यात्रा करनी होती थी। मैंने जीवन भर तृतीय श्रेणी (जो अब द्वितीय श्रेणी कहलाती है) में ही यात्रा की है। पहले शयनिका-यान तो होते ही नहीं थे, तृतीय श्रेणी के समस्त डिब्बे एक समान होते थे।

एक बार मैं डाक गाड़ी से कलकत्ते जा रहा था। डिब्बे में सदा की भाँति दर्जनों यात्री थे। एक मारवाड़ी सज्जन के पास केवल एक ट्रंक था। वे उस पर पैर रखे बैठे हुए थे। संध्या का झुटपुटा हो रहा था। बिहार में सोन का पुल समीप था। अतः गाड़ी की चाल धीमी पड़ गई थी। मारवाड़ी काफ़ी थका हुआ था। थकावट के कारण वह ऊँघ रहा था। वह दरवाज़े के पास की ही एक सीट पर बैठा था। दरवाज़े से सटा हुआ लगभग 15 वर्ष का एक लड़का भी खड़े-खड़े यात्रा कर रहा था।

एकदम से एक हलके धमाके की आवाज़ हुई। सब लोग चौंक पड़े। दरवाज़ा खुला हुआ था। उस लड़के का कहीं पता नहीं था। मारवाड़ी ज़ोर-ज़ोर से चिल्ला रहा था कि 'हाय, मेरा संदूक! उसमें अस्सी हजार रुपये नक़द थे।'

मालूम यह हुआ कि लड़के ने देखा कि मारवाड़ी को ऊँघ आ गई है, और गाड़ी की चाल मंद है। उसको यह सुराग़ तो लग ही गया था कि संदूक में माल है। न जाने कहाँ से वह मारवाड़ी का पीछा कर रहा था। मौक़ा देखते ही उसने दरवाज़ा खोला, संदूक को लात मारकर बाहर फेंक दिया और गाड़ी से कूद पड़ा।

गाड़ी में हड़कंप मच गया। मारवाड़ी ने ज़ंजीर खींची। कुछ दूर जाकर गाड़ी रुकी। गार्ड दौड़ा आया। उसके साथ मारवाड़ी और कई यात्री उसी स्थान की ओर दौड़े जहाँ उक्त घटना घटी थी। संदूक ज्यों का त्यों बंद पड़ा मिला। किंतु बहुत देर तक खोजने पर भी लड़के का कहीं पता नहीं चला। न जाने उसे ज़मीन खा गई या वह आसमान में उड़ गया।

उक्त महिला जिसका नाम लाजवंती था, बोली, "उस मारवाड़ी के संदूक में से कुछ सामान ग़ायब तो नहीं हुआ था।"

धन्नू ने कहा, "नहीं। उस लड़के को संदूक़ खोलने का अवकाश ही नहीं मिला था। उसमें की नक़दी और सारा सामान ज्यों-का-त्यों था।"

मैंने कहा, "धन्नूराम जी, कोई ऐसा अनुभव भी हुआ है आपको जिसका

संबंध प्रत्यक्ष रूप से आपसे ही हो।''

धन्नूराम जी बोले–हाँ, ऐसे भी अनुभव सुनाता हूँ। एक बार मैं यात्रा कर रहा था। रात के लगभग दो बजे होंगे। प्रायः सारे यात्री सो रहे थे किंतु मेरी आँखों में नींद नहीं थी। मैं लगभग पचास हजार रुपये के नोट लिये जा रहा था। हम लोग एक प्रकार की खद्दर की मिर्जई बनवाया करते थे जिसकी अगाड़ी में दो परत रहते थे। दोनों परतों के बीच में नोट रखकर सी दिया जाता था। देखने में मिर्ज़ई सामान्य-सी लगती थी। इसी ढंग से मैंने पचास हजार रुपये के नोट मिर्जई में रखे हुए थे।

मैंने अपनी आदत कुछ ऐसी डाल ली थी कि मैं यात्रा में ऊँघता नहीं था। उन दिनों कलकत्ते की यात्रा में लगभग डेढ़ दिन लग जाता था। मैं बराबर बैठा ही रहता था।

मैंने देखा कि मेरे अतिरिक्त एक और यात्री जाग रहा था। उसकी गतिविधि पर मैं बराबर दृष्टि जमाए हुए था। मुझे वह कोई चोर-उचक्का-सा लग रहा था। उसने कहा, ''लालाजी, चिलम सुलगा रहा हूँ, पीजिएगा?'' मेरे उत्तर की प्रतीक्षा किए बिना ही वह चिलम भरने लगा। वह बार-बार मेरी ओर देखता जा रहा था। मैंने ऊँघने का बहाना किया किंतु बराबर कनखियों से उसकी ओर देखता रहा। उसने मेरी निगाह बचाकर अंटी में से एक पुड़िया निकाली जिसमें कोई बुकनी भरी हुई थी। बुकनी चिलम में डाल दी, और मेरे पास आकर मेरे हाथों में देने लगा।

मैंने उसका हाथ धीरे से थामा और धीमी आवाज़ में उससे कहा, ''दोस्त, जिस फ़िकर में तुम हो, उसी फ़िकर में मैं भी हूँ।''

वह बोला, ''क्या सच?''

मैंने कहा, ''हाँ।''

इतना सुनते ही वह अपनी सीट पर लौट गया और चिलम सामग्री गाड़ी के बाहर उलट दी। अगले स्टेशन पर गाड़ी से उतर गया।

डॉ. साहब बोले, ''लालाजी, आप बाल-बाल बच गए, किंतु आपको संदेह कैसे हुआ कि वह कोई अवांछनीय व्यक्ति था?''

लालाजी बोले, ''पहली बात तो यह है कि जो कोई व्यक्ति बिना किसी असबाब के यात्रा कर रहा हो, तुरंत उसे संदेह की दृष्टि से देखना चाहिए। फिर, ऐसे व्यक्ति की दृष्टि एक जगह स्थिर नहीं रहती। इधर-उधर घूमती रहती है। इन्हीं बातों से ऐसे व्यक्ति की पहचान हो जाती है।''

हम लोग अगले यात्री की ओर उन्मुख होने ही वाले थे कि धन्नूराम फिर बोले, ''अभी एक अनुभव और सुनाना है।''

हम सबने एक स्वर से कहा, ''हाँ, हाँ, अवश्य सुनाइए।

धन्नूराम बोले–एक बार मैं सोने के पासे लेकर कलकत्ते से दिल्ली आ रहा

था। रेल में दो व्यक्ति मेरे ठीक सामने की सीट पर बैठे हुए थे। किंतु रास्ते भर उनसे कोई बात नहीं हुई। मुग़लसराय पर दोनों उतर गए। किंतु गाड़ी खुलने से पहले दो अन्य व्यक्ति उसी स्थान पर आ बैठे।

कानपुर पर वे दोनों भी उतर गए, और दो अन्य व्यक्ति आ बैठे। वे दोनों मेरे साथ दिल्ली पर उतरे। कोई विशेष बात उन दोनों से भी नहीं हुई।

अगले दिन सवेरे मैं दिल्ली के सराफ़े बाज़ार में अपने सोने के पासे लेकर पहुँचा। वे दोनों आदमी जो कानपुर से दिल्ली तक मेरे साथ आए थे, वहाँ मौजूद थे। मुझे देखते ही बोले—लालाज़ी, हम आपसे मात खा गए।

मैं बोला—क्या बात, मैं समझा नहीं।

वे बोले—कलकत्ते से ही हमारे गिरोह के दो आदमी आपके पीछे हो लिए थे। मुग़लसराय पर आपको दो अन्य व्यक्तियों ने ख़रीद लिया। कानपुर तक उनकी भी दाल नहीं गली। तब आपको हमने खरीदा। हमने कानपुर से दिल्ली तक आपका संदूक़ छान मारा। आपकी सारी जेबें और वस्त्र टटोल लिए, किंतु ये पासे हमें दिखाई नहीं पड़े। अब कृपा करके बताइए कि इन्हें आपने कहाँ छिपा रखा था।

मैंने कहा कि यह तो मैं बाद में बताऊँगा। पहले यह तो बताओ कि मैंने तो रास्ते भर झपकी भी नहीं ली। फिर तुमने मेरा संदूक और मेरी जेबें किस समय टटोलीं।

वे बोले—बीच में दो-तीन बार आप शौचालय गए। संदूक खोलकर देखने के लिए इतना समय पर्याप्त था। इसके अतिरिक्त हमारे पास एक ऐसी बुकनी है जिसके छोड़ देने से बहुत हलकी गैस छूटती है जिसकी गन्ध नामालूम-सी होती है। किंतु दो-चार मिनट के लिए बेहोश करने के लिए काफ़ी होती है। 'शिकार' को पता भी नहीं चलता कि मैं बेहोश हो गया था। वह यही समझता है कि मैंने सामान्य रूप से झपकी ली थी।

तब मैंने उन्हें अपना जूता खोलकर दिखाया कि उसमें एक नकली तल्ला लगाया गया था। उसी में मैंने सोने के पासे रखे थे।

वे बोले—बस इसकी तरफ हमारा ध्यान नहीं गया था।

घ

अब श्री अमृतलाल की बारी थी। आपकी अवस्था पचास के आसपास है। वर्षों से काशी हिंदू विश्वविद्यालय में इतिहास का अध्यापन कर रहे हैं। वे बोले—मेरे अनुभव दूसरे प्रकार के हैं एक बार मैं बस में यात्रा कर रहा था। मेरे बग़ल में मेरे ही गाँव का नामी उचक्का रघुआ बैठा हुआ था। मेरा काफ़ी सम्मान करता था। मेरे परिवार के किसी भी सदस्य पर उसने कभी हाथ साफ नहीं किया। उसने

मुझे नमस्कार किया, घर वालों की कुशल क्षेम पूछी। तब मैंने कहा कि "तुम्हारा बड़ा नाम सुना है कि लोगों की आँखों में धूल झोंकते हो। आज हमें भी अपना कोई कर्तब दिखाओ।"

वह बोला, "यह कौन-सी बड़ी बात है।

लगभग एक घंटे बाद बस कहीं पर रुकी। मैंने कुछ मूँगफली खरीदीं। पैसा देने के लिए अपनी अंदर की जेब टटोली। बटुआ नदारद था।

रघुआ बोला, "रेज़गारी चाहिए। लीजिए मैं देता हूँ।" इतना कहकर उसने मुझे एक बटुआ थमा दिया–वह मेरा ही बटुआ था।

मैंने कहा, "मानता हूँ तुम्हें। किंतु यह तो मैंने कोट की अंदरूनी जेब में रखा था। तुमने निकाला कैसे?"

वह बोला, "यह न पूछें तो अच्छा है।"

मैंने कहा, "अब मैं विशेष सावधानी बरतूँगा। इसे मिर्जई की जेब में रखता हूँ जो सबसे नीचे पहनता हूँ।"

वह बोला, "अब आप करतब तो देख चुके। सामने की सीट खाली हो गई है। कृपया उस पर बैठ जाएँ तो हम दोनों आराम से खुल कर बैठें।"

मैं सामने की सीट पर बैठ गया।

लगभग डेढ़ घंटे बाद मेरे उतरने का स्थान आ गया। मैं उतरने लगा तो उससे कहा, "रघुआ, अब मैं चलता हूँ।"

वह बोला, "अपना बटुआ तो लेते जाइए।"

यह कहकर उसने फिर मेरा बटुआ मेरे हाथ में थमा दिया। मैं दंग रह गया।

बस यहाँ कई मिनट रुकती थी। मैंने रघुआ से कहा, "तुम्हारा दल तो बनारस के आस-पास के इलाके में ही काम करता है। कुछ दिन बाद मैं तुम्हारे दल को ही एक चुनौती दूँगा। देखूँ तुम लोग कितने होशियार हो।"

उसने कहा, "आपसे मैं शर्त बदना तो नहीं चाहता फिर भी जैसी आपकी मर्जी।"

कुछ दिन बाद मैंने चार अशर्फियाँ लीं और उन्हें डोरे से बाँध दिया। अशर्फियाँ मिर्जई की जेब में रखीं और डोरे का दूसरा सिरा कमीज़ के एक बटन से बाँध दिया। सबसे नीचे की अशर्फी को एक पर्चे में लपेट दिया जिस पर लिख दिया 'चुनौती'।

मैं बहुधा घर से बाहर इसी प्रकार जाने लगा। घर लौटते ही अशर्फियाँ निकाल कर देख लेता था। सब यथास्थान पर्चे सहित मिलती थीं। मैंने सोचा इतनी सावधानी पर भला कोई क्या कारस्तानी कर पाएगा?

बात बहुत पुरानी पड़ती जा रही थी। कई सप्ताह के बाद मैं कहीं से घर लौटा। डोरे को खोलकर अशर्फियाँ निकालीं। चारों मौजूद थीं किंतु सबसे नीचे की अशर्फी कुछ गंदी दिखाई दे रही थी। मुझे अचरज हुआ। जेब में फिर हाथ डाला। एक मुड़ा हुआ पर्चा मिला जिस पर लिखा हुआ था :

“चुनौती स्वीकार है। आपकी अशर्फियाँ निकालकर नीचे वाली गलाकर देखी गई। अशर्फियाँ नक़ली हैं, इसलिए वापस की जा रही हैं।”

ङ

अब केवल आशाराम रह गए थे। हम सबकी दृष्टि उन्हीं पर जाकर केंद्रित हो गई, वे बोले, “मैं शाहजहाँपुर का एक सराफ़ हूँ। हमारे घर पुश्तैनी पेशा सर्राफ़ी है। मेरे पास यात्रा विषयक तो इस प्रकार का कोई अनुभव नहीं है, किंतु अपने व्यवसाय के संबंध में मैंने एक बार इतना बड़ा धोखा खाया जो जीवन भर नहीं भूलूँगा। कहिए तो वह सुना दूँ।”

हम सब एक साथ बोल पड़े, “हाँ, हाँ, अवश्य सुनाइए।”

आशाराम जी ने आरंभ किया—

हमारी दुकान एक मुख्य मार्ग पर है। एक दिन हमारी दुकान के आगे एक डोली आकर रुकी। डोली के साथ एक मुसलमान सज्जन थे। उन्होंने आकर कहा कि रसूलपुर की बेगम साहिबा कुछ गहना ख़रीदना चाहती हैं।

मैंने कहा—बड़े शौक़ से।

उक्त सज्जन दुकान से कुछ चूड़ियाँ, दो कंगन आदि ले गया और डोली के अंदर मुँह डालकर बोला, “देखिए बेगम साहिबा, ये कंगन 22 कैरट सोने के हैं। ये आपके हाथों में ठीक बैठेंगे और चूड़ियाँ बू-बू के लिए ले लीजिए। शायद उनके हाथों में ठीक आ जाएँ...।”

उसके उत्तर में बेगम साहिबा ने क्या कहा, यह मैं न सुन सका। कंगन तो वह व्यक्ति, जो कारिंदा-सा लग रहा था, लौटा लाया और बोला कि ये छोटे पड़ रहे हैं। इससे बड़े आकार के दे दीजिए।

वह कंगन बदलकर ले गया।

इसी प्रकार कभी नेकलेस ले जाता, कभी अँगूठी। फिर गहने बदलकर ले जाता। इस सारे सौदे में आधे घंटे से अधिक लगा होगा। सब मिलाकर वह चार-पाँच हज़ार रुपये का गहना ले गया। फिर डोली के अंदर मुँह करके बोला, क्या आप पानी पिएँगी?

बेगम का उत्तर हम नहीं सुन सके। कारिन्दे ने हमसे आकर पूछा कि बेगम साहिबा पानी पिएँगी। पास में कहीं नल होगा?

हमने कहा—सामने की गली में है।

उसने डोली के अंदर मुँह करके एक टोंटीदार लोटा निकाला और सामने की गली में चला गया।

जब उसे गए हुए एक घंटे से अधिक हो गया, तब हमें शक हुआ। हमने डोली के बाहर पहुँचकर कई बार बेगम साहिबा को आवाज़ दी। कोई उत्तर नहीं मिला। तब साहस करके डोली का पर्दा खोला। उसके अंदर कोई न था। केवल कुछ ईंटें रखी हुई थीं। वह कारिंदा सारा गहना लोटे में रखकर चलता बना था।

पुलिस में रिपोर्ट की। डोली वाले कहार पकड़े गए। परंतु उनके बयान से पता चला कि वे निर्दोष थे। कारिंदे के कहने से उन्होंने डोली ले जाकर एक पुराने टूटे-फूटे मकान के अंदर रख दी थी। जब क़ारिंदे ने बुलाया, वे गए और बंद डोली उठाकर चल दिए। उनके सामने कोई बेगम उसके अंदर नहीं बैठी थी।

डॉ. श्याम दास बोले, ''किंतु उस मकान का तो पता चला होगा जहाँ वह कारिंदा डोली ले गया था?''

आशाराम ने कहा, ''हाँ, उस मकान तक पुलिस पहुँची। वह नगर से दूर एक टूटा हुआ खँडहर था। उसमें कोई नहीं रहता था।''

हम सबने पूछा, ''फिर कुछ पता चला? क्या माल वापस मिला?''

आशाराम बोले, ''गई चीज़ कभी वापस मिलती है? और क्या पता उस व्यक्ति का पता चला भी हो तो उसने पुलिस का मुँह भर कर मामला ख़त्म करा दिया होगा।'' हम लोग हाय करके रह गए।

जिल्दसाज़

क

भई, मसूरी भी मसूरी ही है। यदि एक ओर गगनचुंबी 'लाल टिब्बा' है तो दूसरी ओर पाताल में धँसा हुआ सा 'मॉसी प्रपात' है। एक ओर 'लँधौर' बाज़ार के पुराने ढंग के मकान और दुकानें हैं तो दूसरी ओर लाइब्रेरी बाजार के आधुनिक होटल और रेस्त्रां। एक ओर 'गनहिल' का पठार जहाँ रज्जु मार्ग से जाने की सुविधा है, दूसरी ओर 'हैपी वैली' जैसी उपत्यका जो लताओं और कुंजों से भरपूर है। एक ओर पहाड़ियों की झोंपड़ियाँ जिनमें से प्राचीन सभ्यता झाँकती दिखाई देती है, दूसरी ओर 'कंपनी बाग' के आधुनिक ढंग के आमोद-प्रमोद। क्या अचरज जो मसूरी 'पहाड़ी नगरों की रानी' कहलाता है।

यों नैनीताल मसूरी से ऊँचा है। किंतु मसूरी की शान ही निराली है। नैनीताल एक कटोरे या नाँद की शक्ल का है, मसूरी की आकृति जीने या गैलरी जैसी है। नैनीताल के बीचोंबीच में एक ताल है। मसूरी के आसपास के ताल-तलैया सब मसूरी से बाहर हैं। जब नैनीताल में पानी पड़ता है, सबका सब ताल में समा जाता है। मसूरी की वर्षा का पानी आधे घंटे में मसूरी से बाहर निकल जाता है। नैनीताल में दृष्टि नैनीताल के अंदर ही सीमित रहती है। मसूरी में जिधर दृष्टि डालिए, मीलों दूर के दृश्य दिखाई देते हैं।

देहरादून से मैसूरी का पहाड़ी रास्ता डेढ़ घंटे का है। उक्त सड़क का क्या वर्णन करें। रास्ते भर बलखाती हुई चलती है। साँप की कुंडली-सी दिखाई पड़ती है। पहले दाहिने मुड़ी, फिर बाएँ, फिर आगे बढ़ी, फिर पीछे लौटी। यात्री को दिशा का ज्ञान नहीं रह जाता। जलेबी-सी टूटती जाती है। मसूरी की माल रोड पर खड़े हो जाइए। देहरादून की दिशा में झाँकिए आपको तीन-चार सड़कें ऊपर-नीचे जाती हुई दिखाई देंगी। किसी नीचे की सड़क पर देहरादून से मसूरी आती हुई कोई बस दिखेगी। उससे ऊपर की सड़क पर विपरीत दिशा में जाती हुई कोई टैक्सी दिखाई

पड़ेगी। उससे ऊपर की सड़क पर संभव है कुछ पद यात्री दिखाई दें। सबसे ऊपर की सड़क पर कुछ पहाड़ी कुली बोझा ढोते दिखाई देंगे।

ख

अब्बासी एक जिल्दसाज़ था। ईमानदार किंतु ग़रीब। ईमानदार व्यक्ति सामान्यता ग़रीब तो होते ही हैं। लँधौर की एक गली की नुक्कड़ पर उसकी दुकान थी। उसकी दुकान पर सब प्रकार की जिल्दों के दाम निश्चित थे। सामान्य सिलाई, जुज़बन्दी सिलाई, पट्टे और कपड़े की जिल्द, चमड़े की जिल्द, भिन्न-भिन्न आकारों की पुस्तकों की जिल्द सबके दाम सुनिश्चित थे। दामों की तालिका एक पट्टे के ऊपर लिख कर टाँग रखी थी। जब कभी महँगाई के कारण दाम बढ़ाने होते थे, पहले तालिका बदल देता था, तब ग्राहकों को सूचना देता था।

अब्बासी एक कट्टर मुसलमान था। प्रयत्न करता था कि पाँचों वक़्त की नमाज़ पढ़ा करे। जब घर से बाहर रहता था तो नमाज़ छूट जाती थी। आसपास उसकी ईमानदारी और मिलनसारी की धाक थी। उसके घर में तीन लड़के, दो लड़कियाँ, एक बूढ़ी अम्मा थी। पत्नी मर चुकी थी। उसकी दुकान काफी चलती थी। सबसे बड़ा लड़का महमूद जवान था। शरीर में हृष्ट-पुष्ट। पढ़ा-लिखा तो नाम-मात्र को ही था। अब्बासी चाहता था कि वह उसके काम में हाथ बँटाए। यों महमूद दुकान पर भी बैठता था, काम भी करता था, किंतु उसे आवारागर्दी का शौक़ था। यदि दिन भर बाप के साथ काम करता तो रोटियों के लाले न होते। किंतु उसे इधर-उधर घूमने, सिनेमा, खेल-तमाशे, यारवाशी से ही फुर्सत कम मिलती थी। कभी-कभी अब्बासी परेशान होकर अपने इष्ट मित्रों से कहता था कि मेरे ऊपर दोनों समय का चौदह व्यक्तियों की रोटी का बोझ है। खर्चा कठिनाई से चलता है। कुछ शुभचिंतक कहते हैं कि मैं गृहस्थी लेकर किसी बड़े नगर चला जाऊँ। वहाँ आमदनी अच्छी हो जाएगी। किंतु यह दुकान वालिद बुजुर्गवार की निशानी है। इसे नहीं छोड़ूँगा। अल्लाह, यहीं पर रोज़ी देगा।

कोई आपत्ति करता कि भई, तुम्हारे चौदह आदमियों का बोझ किस प्रकार है। तो उत्तर में घर के सातों प्राणियों के नाम गिनवा देता और कहता कि इस प्रकार दोनों वक्तों में चौदह व्यक्तियों के भोजन का जुगाड़ करना पड़ता है। यह अंकगणित था उस अशिक्षित साफ हृदय जिल्दसाज़ का।

अब्बासी ने मसूरी के कई स्कूलों से संबंध जोड़ रखा था। उनमें एक मुख्य था हैपी वैली का लड़कियों का हायर सेकंडरी स्कूल। उस स्कूल से प्रतिवर्ष सैकड़ों रुपये का काम मिलता था। आए दिन वह स्कूल का चक्कर लगाया करता था।

स्कूल में नई पुस्तकें आती रहती थीं। पुरानी पुस्तकों की जिल्द फटती रहती थी। पत्रिकाओं के वर्ष भर के अंकों के जिल्दबंधन का काम अलग था। अब्बासी महमूद को भी बहुधा साथ ले जाया करता था। पुस्तकों के बंडल लाने में उससे सहायता मिलती थी। और स्कूलों में जाने में तो महमूद सदैव आनाकानी करता था, किंतु उक्त स्कूलों में बड़े चाव से जाता था।

ग

एक दिन बाप-बेटे उपर्युक्त स्कूल में गए थे। लंच का समय था। लड़कियाँ बाहर लॉन में खेल रही थीं। अब्बासी तो कभी लड़कियों की ओर ध्यान भी नहीं देता था। सीधा प्रधानाध्यापिका के कमरे में चला जाता था। किंतु महमूद चारों ओर ताकता चलता था। लड़कियों में से एक को देखकर वह एकदम चौंधिया गया। कदाचित किसी ऊँची कक्षा की थी। महमूद पर उसका इतना प्रभाव पड़ा मानों बिजली-सी कौंध गई हो। सोचने लगा, क्या संसार भर की सुंदरता एक साथ सिमटकर इस लड़की के चेहरे में समा गई है।

इतने में अब्बासी की आवाज़ सुनाई दी—महमूद, वहाँ खड़े क्यों हो गए। इधर चले आओ।

महमूद पास जाकर बोला—एक ईंट के कोने से हल्की-सी चोट आ गई थी।

उस दिन से महमूद उस स्कूल के चक्कर काटने लगा। एक दिन चपरासी से दोस्ती गाँठ ली और कहा कि किसी प्रकार वार्षिकोत्सव हमें भी दिखाओ। चपरासी बोला, यह कोई मुश्किल काम नहीं है। जब उत्सव आरंभ हो जाता है, हम सभी चपरासी कुर्सियों के पीछे खड़े हो जाते हैं। हम लोगों के साथ तुम भी खड़े हो जाना।

उत्सव का दिन आया। महमूद बहुत पहले से स्कूल पहुँच गया और चपरासियों में रिलमिल गया। जब सब लोग यथास्थान बैठ गए तो वह भी चपरासियों के साथ मंच के पीछे एक स्थान पर खड़ा हो गया। उसकी आँखें किसी को खोजने लगीं। किंतु इसमें देर नहीं लगी। मंच पर तो स्कूल के अधिकारी और नगर के प्रतिष्ठित व्यक्ति बैठे हुए थे। मंच के नीचे विद्यार्थियों की कुर्सियाँ लगी हुई थीं। सबसे आगे की पंक्ति की पहली कुर्सी पर 'वह' बैठी हुई थी।

मंगलाचरण, वार्षिक प्रतिवेदन आदि में लगभग आधा घंटा लगा। तब पारितोषिक वितरण आरंभ हुआ। सबसे पहले 11वीं कक्षा की बारी थी। पहला नाम पुकारा गया, 'सर्वप्रथम पुरस्कार, कुमारी रोहिणी।' वही लड़की उठकर मंच की ओर जाने लगी। तो पता चला कि उसका नाम रोहिणी है।

रोहिणी पारितोषिक लेकर अपनी कुर्सी पर पहुँच भी नहीं पाई थी कि आवाज़ लगी, 'अंग्रेजी भाषा : प्रथम पुरस्कार—कुमारी रोहिणी।'

रोहिणी ने पहला पुरस्कार अपनी कुर्सी पर रखा और मंच की ओर लौटी। दूसरा पुरस्कार लेकर लौट भी न पाई थी कि फिर आवाज़ आई, 'इतिहास, प्रथम पुरस्कार—कुमारी रोहिणी।' रोहिणी फिर लौट आई। प्रत्येक पुरस्कार पर तालियों की ध्वनि सुनाई देती थी। इसी प्रकार हिंदी, अर्थशास्त्र, ... प्रत्येक विषय में रोहिणी ही प्रथम थी।

उत्सव के पश्चात् महमूद अतृप्त नेत्रों से लौट आया। उसने दूर से देखा कि रोहिणी के पास इतने पारितोषिक हो गए थे कि वह उन्हें सँभाल नहीं पा रही थी। उसकी इच्छा हुई कि जाकर उसकी सहायता करे किंतु साहस नहीं हुआ।

कुछ दिन बाद पता चला कि स्कूल की लड़कियाँ 'शकुंतला नाटक' खेलने जा रही हैं। नाटक केवल वे ही लोग देख सकते थे जिन्हें पास दिए जाते थे। अन्यथा कोई मर्द नाटकशाला में घुस नहीं सकता था। महमूद ने अपने पिता को तिकतिकाना आरंभ किया कि किसी प्रकार दो पासों का प्रबंध करें। यदि वह प्रधानाध्यापिका से कहें तो वे अब्बासी के आग्रह को कदाचित न टाल सकें।

अब्बासी ने पहले तो बहुत टाल-मटोल की किंतु महमूद के बहुत अनुनय-विनय करने पर मान गया। प्रधानाध्यापिका जी अब्बास की बुजुर्गी का बहुत आदर करती थीं। बहुत कुछ सोच समझ कर बोलीं, ''पास तो तुम्हें मैं नहीं दे सकूँगी किंतु तुम दोनों बाप-बेटे आ जाना। मैं तुम्हें किसी प्रकार चतुर्थ श्रेणी के कर्मचारियों के साथ प्रेक्षालय के अंदर कर लूँगी।''

नाटक का दिन आया। बाप-बेटे भी प्रेक्षालय के अंदर पहुँच गए। नाटक आरंभ हुआ। जो महमूद चाहता था, वही हुआ। शकुंतला का अभिनय और कोई नहीं, रोहिणी ही कर रही थी। आज उसका सौंदर्य और भी निखर आया था। जिस समय वह पहली बार मंच पर पहुँची, प्रेक्षालय तालियों से गूँज उठा। उसका शृंगार कुछ इस प्रकार किया गया था कि उस पर आँखें नहीं ठहरती थीं।

थोड़ी देर में वह दृश्य आया जब दुष्यंत और शकुंतला का पहला साक्षात्कार हुआ था। दोनों एक-दूसरे को देखकर मंत्र-मुग्ध से खड़े रह गए। दुष्यंत का अभिनय एक अन्य सुंदर लड़की कर रही थी। वह रोहिणी से तो उन्नीस पड़ती थी किंतु किसी प्रकार उपेक्ष्य नहीं थी। उस समय रोहिणी के हाव-भाव वर्णनातीत थे। दर्शकों में से बहुतों के मुँह से 'वाह, वाह' निकल रही थी। कई लोगों को यह कहते सुना गया कि ''दुष्यंत की शकुंतला ऐसी ही रही होगी। इससे बढ़कर नहीं होगी। कोई अचरज नहीं जो कालिदास के कथनानुसार, भँवरे कमल के फूल को छोड़कर शकुंतला की ओर दौड़ते थे।''

उक्त स्कूल का 'क्रीड़ा-वार्षिकोत्सव' अलग से होता था। उक्त दिवस पर भी

महमूद समय रहते पहुँच गया। उसे आशा थी कि आज भी रोहिणी प्रथम पंक्ति में बैठी होगी। किंतु ऐसा नहीं था। महमूद की आँखें आगे की चार-पाँच पंक्तियों को बारीकी से देख गईं। रोहिणी कहीं दिखाई नहीं दी। तब महमूद ने पीछे की एक-एक पंक्ति की एक-एक कुर्सी की छानबीन शुरू कर दी। रोहिणी 15-16 पंक्तियों के बाद, सैकड़ों लड़कियों के बीच में बैठी थी।

पारितोषिक-वितरण आरंभ हुआ। महमूद को आशा थी कि रोहिणी का नाम अब आया, अब आया। किंतु सारा उत्सव समाप्त हो गया उसका नाम कहीं नहीं आया। पता चल गया कि उसे खेल-कूद में कोई रुचि नहीं थी। महमूद निराश होकर लौटने लगा। लड़कियों की टोलियाँ चल रही थीं। महमूद ऐसी टोली के पीछे हो लिया जिसमें रोहिणी थी। वे लोग कुछ बातें करती चल रही थीं। इतनी पास जाने का तो महमूद का साहस नहीं हुआ कि उनकी बात सुन सके। किंतु जब लड़कियाँ बिखरने लगीं तब रोहिणी के मुँह से निकली बात उसने सुन ली, "कल पिकनिक में तो आओगी न।"

घ

अगले दिन दोपहर को ही महमूद घर से चला गया। अपनी दादी से कह गया कि उसका एक पुराना दोस्त आया हुआ है। उससे मिलने जा रहा है। संध्या होने में देर थी जब अब्बासी घर से निकला। हैपी वैली के एक ग्राहक ने उससे पचास-साठ रुपये का काम कराया था। पैसे के विषय में तंग कर रहा था। उससे रक़म वसूल करने जा रहा था। हैपी वैली के एक स्थान पर पहुँचा था कि कहीं से आवाज़ सुनाई दी कि 'बचाओ'। उसे ऐसा प्रतीत हुआ कि दाहिने हाथ की घाटी के एक कुंज में से आवाज़ आ रही है। वह दौड़ कर नीचे गया। कुंज में कोई जवान एक लड़की से बलात्कार करने का प्रयत्न कर रहा था।

अब्बासी का खून खौलने लगा। युवक का मुँह दूसरी ओर था। उसे गर्दन पकड़कर ऊपर उठाया और तड़ातड़ उसके थप्पड़, घूंसे और लातें मारने लगा। युवक के चेहरे पर निगाह पड़ी तो क्या देखता है, 'हैं यह तो महमूद है और वह लड़की रोहिणी।' अब्बासी के क्रोध का पारावार नहीं रहा। न जाने उस अधेड़ व्यक्ति की भुजाओं में उस समय कहाँ का बल आ गया था। महमूद ने अपनी रक्षा का कोई प्रयत्न नहीं किया। सामने की सड़क से दो सिपाही आ रहे थे। वे भी सड़क से शोर सुनकर घाटी में उतर आए। यदि उन्होंने अब्बासी के हाथ न पकड़ लिए होते तो वह महमूद की जान ही ले लेता। सिपाही महमूद को पकड़कर थाने ले गए। अब्बासी ने रोहिणी से कहा, "चल बेटी, तुझे तेरे घर पहुँचा दूँ।"

लाइब्रेरी बाज़ार के पास ही उतरकर एक छोटा-सा रास्ता था। रोहिणी अपनी माँ के साथ उसके एक मकान में रहती थी। मालिक मकान की रोहिणी के स्वर्गीय पिता ने बड़ी सेवा की थी। अतः उसने माँ-बेटी के रहने के लिए मकान का एक कमरा बिना किराए के दे रखा था।

रोहिणी का एक भाई था। उसे बचपन से ही कुश्ती का शौक था। पढ़ा-लिखा तो नाममात्र का ही था। वह फ़ौज में एक सिपाही के रूप में भर्ती हो गया था। हर महीने थोड़ा रुपया अपनी माँ को भेज देता था। उसकी माँ इसके अतिरिक्त कई छोटे-मोटे काम करके थोड़ा-सा द्रव्य कमा लेती थी। रोहिणी की फीस माफ़ थी। इस प्रकार किसी तरह माँ-बेटी का गुजारा हो जाता था।

जब अब्बासी रोहिणी को लेकर पहुँचा, तो रोहिणी ने रो-रोकर माँ को अपनी कहानी सुनाई। माँ की आँखों में कृतज्ञता के आँसू आ गए। माँ ने अब्बासी की बलाएँ लीं, और जिद करके एक प्याला चाय पिलाकर ही भेजा।

अब्बासी ने घर आकर सारी कहानी अपनी माँ को सुनाई। बूढ़ी रोने लगी। बोली, जवान लड़का है। नया खून है, उससे गलती हो गई। उसे बख़्श दो। अब्बासी बोला, यह नहीं हो सकता। इसने इस्लाम के नाम को कलंक लगाया है। इसे जेल भिजवाकर रहूँगा। बूढ़ी ने बहुत अनुनय-विनय की किंतु अब्बासी टस-से-मस नहीं हुआ।

धीरे-धीरे यह ख़बर सारी गली में फैल गई। गली के अधिकतर निवासी मुसलमान थे। उनमें से कई अब्बासी के पास आए और कहा कि यह क्या ग़ज़ब करते हो? अपने बेटे के विरुद्ध गवाही दोगे। काफिर की लड़की पर ही तो अत्याचार किया है। वह तो सीधा बहिश्त जाएगा।

अब्बासी—यह इस्लाम की कौन-सी पुस्तक में लिखा हुआ है।

वे लोग बोले—साफ कुरान में लिखा हुआ है।

अब्बासी—कुरान कभी तुम लोगों ने पढ़ी भी है।

अब्बासी घर के अंदर गया और कुरान उन लोगों के सामने रखकर बोला—मुझे दिखाना, इसके कौन से पृष्ठ पर ऐसा लिखा हुआ है।

उन लोगों ने कुरान पढ़ी होती तो दिखाते।

सहसा उनमें से एक के मस्तिष्क में एक विचार आया, क्यों न यह समस्या मौलवी कईमुद्दीन के सामने रखी जाए। उनके जैसा इस्लाम धम का ज्ञाता मसूरी में दूसरा नहीं है।

इस विचार को सबने पसंद किया।

ङ

मसूरी में 'लाल टिब्बा' एक टेकरी है, लँधौर से लगभग एक किलोमीटर ऊपर। लाइब्रेरी बाज़ार और लँधौर के बीच में एक बाज़ार है 'कुलड़ी'। इसमें आधुनिक ढंग की काफ़ी दुकानें हैं। इसे आजकल मसूरी का केंद्र समझा जाता है। यदि कुलड़ी से लँधौर की दिशा में देखो तो मालूम होता है कि लाल टिब्बा बादलों को छू रहा है।

लाल टिब्बा में बहुत थोड़े-से लोग बसते हैं। एक ओर दो-चार दुकानें और डाकखाना है। बीच में एक चबूतरा है। कुछ सेवानिवृत्त लोग यहाँ आकर अध्ययन-मनन करना पसंद करते हैं। मौलवी कईमुद्दीन काशी हिंदू विश्वविद्यालय में वर्षों अरबी-फ़ारसी के अध्यापक रहे हैं। इतना ही नहीं, इस्लाम धर्म के अधिकारी माने जाते थे। इन्हें सेवानिवृत्त हुए वर्षों बीत गए। परिवार में ये अकेले रह गए हैं। लाल टिब्बा में एकांतवास करते हैं। आसपास में ढूँढ़-ढाँढ़ कर एक कब्र निकाल डाली है। कहते हैं कि वह एक पुराने पीर का तकिया है। इनका अधिकांश समय उसी क़ब्र पर बीतता है।

उपरिलिखित धर्मांधों की टोली मौलवी साहब के पास पहुँची, और अपनी समस्या उनके सामने रखी। सुनकर मौलवी साहब गंभीर हो गए। कुछ देर चुप रहकर बोले—तुम लोगों को किसने बताया है कि इस्लाम काफ़िरों पर अत्याचार करने का समर्थन करता है। इस्लाम तो बहुत ही प्रजातांत्रिक संप्रदाय है। वह तो कहता है कि सब धर्मों के प्रदर्शकों का सम्मान करो। किसी भी धर्म को नीच मत समझो। नीच और ऊँच तो हमारे बनाए हुए शब्द हैं।

वे लोग बोले—हिंदू लोग इतने गंदे हैं कि गाय के गोबर जैसी ग़लीज़ वस्तु से चौका लीपते हैं। क्या हक़ है इस कौम को जो हमसे आँखें चार करे। इस बात का समर्थन तो विज्ञान भी नहीं करता।

मौलवी बोले—क्या इस्लाम की सारी बातें विज्ञान पर आधारित हैं। दो सगे भाइयों की संतानों को विवाह-बंधन में बाँध देना, क्या आधुनिक जैविकी इसका समर्थन करती है। कुछ गुनाहों के लिए पत्थर मार-मार कर प्राण ले लेना क्या आधुनिक सभ्यता इसको सहन करती है। यहाँ एक पति चार-चार पत्नियाँ रखे, क्या यह सभ्यता है।

बुराई मुसलमानों में हो सकती है, इस्लाम में नहीं। मैं जानता हूँ कि हिंदुओं में अनेक कुरीतियाँ हैं, जैसे बहुपत्नीत्व, जाति-पाँति, छुआछूत, किंतु क्या उनके लिए हिंदू धर्म को दोषी ठहराया जा सकता है। ईसाई अच्छे भी होते हैं, बुरे भी, तो क्या हम ईसाई धर्म को ही निकृष्ट समझ लें।

सब धर्मों में अच्छाइयाँ होती हैं। अच्छाइयों को अपना लो, बुराइयों की अनदेखी

करो। इसी प्रकार जीवन व्यापार चला करता है। यदि कोई हिंदू किसी मुस्लिम लड़की की इज़्ज़त उतार ले, तो बहिश्त में जाएगा या दोज़ख में।

सब एक स्वर से बोले—'दोज़ख में।'

मौलवी बोले— इसी प्रकार, यदि कोई मुसलमान किसी हिंदू लड़की की इज्ज़त उतारे तो बहिश्त में क्यों जाएगा।

सबने मौन धारण कर लिया, और चुपचाप लौट आए।

अब्बासी की गवाही से महमूद को तीन महीने की जेल हो गई।

च

अब्बासी ने यह नियम बना लिया था कि हर तीसरे-चौथे दिन रोहिणी के घर जाकर माँ-बेटी का हाल-चाल ले आता था। उसे पता चला कि माँ छोटे बच्चों के कपड़े सीती है, सट्टालगी पिट्ठी पीसती है, कभी-कभी स्वेटर बुन देती है। उसने कई दुकानों से संबंध जोड़ रखा है। दुकानदारों के आदमी उसके घर आकर काम दे जाते हैं। और घर बैठे पारिश्रमिक दे जाते हैं। इतनी दया उस पर दिखाते हैं।

अब्बासी ने उससे कहा—अम्मा जी, मेरी दुकान का काम काफ़ी बढ़ा हुआ है। मेरे पास जो कटी-फटी पुस्तकें आती हैं, पहले उनकी सिलाई करनी पड़ती है जिसमें काफी समय लगता है। तब जिल्दें बाँधी जाती हैं। यदि आप उनकी सिलाई कर दिया करें तो मेरा हाथ भी बँट जाएगा, आपकी कुछ अतिरिक्त आमदनी भी हो जाएगी।

अम्मा जी ने अब्बासी का प्रस्ताव सहर्ष स्वीकार कर लिया और हजार आशीषें दीं।

अब्बासी की बेटियाँ और माँ जेल में महमूद से मिलने जाया करती थीं। अब्बासी कभी नहीं जाता था। महमूद ने कई बार कहलाया कि "मेरा अपराध क्षमा कर दें," किंतु अब्बासी ने उत्तर दिया कि "इस घर में अब उसके लिए कोई जगह नहीं है।"

दिन बीतते गए, और महमूद के छुटकारे का दिन आ गया। अब्बासी की तनिक भी इच्छा नहीं थी कि वह महमूद को जेल से लेने जाए। उसकी माँ और बेटियाँ जा रही थीं। वह उनके साथ हो लिया और कहा कि मैं रोहिणी के घर उतर जाऊँगा।

सारे बाज़ार में चहल-पहल थी। जगह-जगह राखियाँ और खिलौने बिक रहे थे। पता चला कि आज रक्षाबंधन का त्यौहार था। वह रोहिणी के घर उतर गया, शेष सब आगे चले गए। उसे आशा थी कि रोहिणी के घर पर भी उत्सव मनाया जा रहा होगा। किंतु वह तो बिल्कुल उदास बैठी हुई थी। उसकी माँ से पूछा तो

उसने बताया कि "पिछले वर्ष रक्षाबंधन पर इसका भाई घर पर ही था। इसने प्रति वर्ष की भाँति उसके हाथ में राखी बाँधी थी। इस वर्ष उसे छुट्टी नहीं मिली जो घर आता। इसीलिए यह इतनी उदास है।"

अब्बासी जानता था कि उसकी माँ महमूद को लेकर सीधे रोहिणी के घर ही आएगी। ऐसा ही हुआ था। थोड़ी ही देर में सबके साथ महमूद आया और बाप के कदमों पर गिर पड़ा। अब्बासी भी द्रवित हो गया। उसने कहा कि मैं एक शर्त पर तुम्हें अपनाने को तैयार हूँ।

महमूद बोला कि मैं बिना सुने ही आपकी कोई भी शर्त मानने को तैयार हूँ।

अब्बासी ने रोहिणी को संकेत किया। रोहिणी आगे बढ़ी। उसके हाथ में एक राखी थी। महमूद ने हाथ आगे बढ़ा दिया। रोहिणी ने उसके हाथ में राखी बाँध दी। महमूद ने कोई आपत्ति नहीं की। महमूद की दादी के हाथ में एक दोना था जिसमें मिठाई थी जो वह महमूद के स्वागत के लिए ले गई थी। वह उसने महमूद के हाथ में दे दी। महमूद ने दोना रोहिणी की झोली में डाल दिया।

पुजारी गली

सस्ती का ज़माना था। एक पैसे की जलेबी और दो पैसे की इमरती मिला करती थी। दूध का खुला हुआ भाव आठ पैसे सेर था। उन दिनों नाप-तौल की दशमिक प्रणाली चालू नहीं हुई थी। एक मज़दूर का दैनिक पारिश्रमिक चार पैसे और राजगिरी का सात-आठ पैसे। एक पैसे की 64 कौड़ियाँ (=16 गड़े) आती थीं। धन्नू पंसारी एक प्रकार का स्वादिष्ट चूरन बनाया करता था। हम लोग अधिकतर एक छदाम (पैसे का चौथाई भाग) का चूरन लाया करते थे।

एक रुपये का 16 सेर गेहूँ और 1 सेर घी मिला करता था। उन्हीं दिनों एक स्कूल निरीक्षक की बदली मुरादाबाद को हुई। उन्होंने चपरासी से कहा कि "एक रुपये में दाल-चावल ले आओ।" चपरासी खड़ा सोचता रहा। उसने पूछा कि "क्या बात है?" उसने कहा, "हुजूर, आपके घर में कोई बड़ा बरतन तो है नहीं। इतना अनाज रखिएगा कहाँ।"

एक ही पीढ़ी पहले की बात है। बुजुर्ग कहा करते थे कि "बेटा, अब वह समय आ रहा है कि रूमाल में नाज मिला करेगा और पत्ते पर घी।" वही समय आज दिखाई दे रहा है।

हमारे चाचाजी रेलवे में नौकर थे। एक दिन उन्होंने कहा, "78 रुपये महीना मेरा वेतन है। जितना चाहूँ, उतना खाऊँ, और खाते-खाते बच रहे।"

मुरादाबाद नगर का मुख्य केंद्र है मंडी चौक। वहाँ से रामगंगा की ओर चलिए तो थोड़ी ही दूर पर दाहिने हाथ एक गली पड़ती है जिसे आज 'पुजारी गली' अथवा 'पुजेरी गली' कहते हैं। आज से लगभग सौ वर्ष पहले इसका यह रूप नहीं था जो आज है। बीच में एक कुआँ था जो आज भी मौजूद है। उसके बग़ल में एक छोटा-सा मकान था, जिसके बाहर चबूतरा था, और चबूतरे से सटी हुई एक बैठक। बैठक के पीछे छोटा-सा दालान, रसोई आदि थे।

गली की नुक्कड़ पर सवेरे एक ख़ोमचे वाला बैठता था, थाल में गरम-गरम मूँग की दाल और छोले लाता था। एक पैसे में दोनों वस्तुएँ एक पत्ते पर रखकर देता था जिसे हम लोग बड़े चाव से खाते थे। उसकी आवाज़ सुनते ही बच्चे चारों

तरफ़ से घेर लेते थे। दो घंटे में उसका थाल साफ़ हो जाता था। सड़क पर से एक और आवाज़ आती थी, "हलुआ, लुचई गरम।" उसका थाल तो देखते-देखते खाली हो जाता था।

एक व्यक्ति खांड के खिलौनों जैसी कोई मिठाई बनाता था। मुँह अँधेरे आवाज़ लगाता था, "ले लो, दंदान मिश्री के तोड़े।" हम दौड़कर उससे एक पैसे का तोड़ा ले लेते थे। कभी-कभी हमारी माँ गुड़ का हलुआ बनाया करती थीं, जिसे 'चटपटिया' कहते थे। सोते समय हमारे सिरहाने, एक दोने में चटपटिया रख देती थी। सवेरे आँख खुलते ही हमारी पहली नज़र चटपटिया पर ही पड़ती थी।

बुध के बाज़ार से रेलवे स्टेशन लगभग दो किलोमीटर दूर है। उतना टुकड़ा एक दो कारखानों को छोड़कर सुनसान पड़ा रहता था। आज उस सड़क के चप्पे-चप्पे पर दुकानें बनी हुई हैं। उस सड़क पर संध्या समय चलते डर लगता था। आज वहाँ कंधे से कंधा छिलता है।

दिल्ली वाली सड़क के छोर पर ऊबड़-खाबड़ मैदान था जिसमें रात को भूत लोटते थे, और दिन में इक्का-दुक्का यात्री या रेलवे-सेवक जाया करते थे। रक्षाबंधन के दिन उस मैदान में पतंगें उड़ा करती थीं और मेला लगा करता था जिसे 'छड़ियों का मेला' कहते थे। आज वहाँ इतने मकान बन गए हैं कि तिल धरने को जगह नहीं है।

हाँ, तो हम पुजारी गली की बात कर रहे थे। उस गली के सामने आज एक हनुमान जी का मंदिर है। वहाँ उस समय किसी कोठरी का भग्नावशेष था। एक ओर कुछ ईंटें पड़ी हुई थीं, दूसरी ओर दो एक पत्थर गली में कुएँ के पास जो मकान था, उसमें पुजारी जी रहा करते थे।

पुजारी जी का असली नाम जानने का आज हमारे पास कोई साधन नहीं है। एक किंवदंती है कि जब उनका जन्म हुआ था, उनके एक हाथ पर हनुमान जी की बहुत धुँधली आकृति बनी हुई थी। अतः उनका नाम 'हनुमान प्रसाद' पड़ गया। यह कहानी हमारे दादा की परदादी घर के बच्चों को सुनाया करती थीं और पीढ़ी-दर-पीढ़ी आज तक चली आ रही है। इसमें सत्य का अंश कितना है, हम नहीं कह सकते।

पुजारी जी तड़के चार बजे उठ जाया करते थे। वे सदैव घर में सेंधा नमक का एक डला रखते थे। स्नानादि से निवृत्त होकर सबसे पहला काम यह करते थे कि उक्त डला घर के अंदर से लाकर बाहर के चबूतरे पर रख देते थे। घोसी बहुत-सी गायों को उसी गली के मार्ग से सुबह चराने ले जाया करते थे, और संध्या को लौटा लाते थे। जाते-आते दोनों समय गाएँ सेंधे के डले को चाटती थीं। जब डला समाप्त हो जाता था, तो पुजारी जी तुरंत दूसरा डला मोल ले आया करते थे।

गली के सामने वाली कोठरी में पुजारी जी ने हनुमान जी की एक प्रतिमा रख दी थी। स्नान के पश्चात् नित्य प्रति उसकी पूजा करते थे जिसमें उन्हें घंटा-डेढ़ घंटा लगा करता था। उसे वे अपना मंदिर कहा करते थे।

पुजारी जी को चिकित्सा का बचपन से शौक़ था। उन्होंने अपनी बैठक में एक रस्सी टाँग रखी थी जिसमें थैलियाँ लटका दी थीं। उन थैलियों में कई प्रकार के चूरन भरे रहते थे। बैठक में एक मेज़ भी रखी थी जिस पर शीशियों में औषधियाँ रहती थीं। पुजारी जी वैद्य अधिक थे या हकीम, यह कहना कठिन है। शीशियों में एक ओर अशोकारिष्ट, च्यवनप्राश, कुमारियासव आदि रहते थे तो दूसरी ओर शरबत शहतूत, अर्के, बिरंजासिफ़ आदि।

पुजारी जी उर्द की दाल के बड़े कायल थे। उनके अधिकतर नुस्खों में उर्द की दाल समाविष्ट रहती थी। उनकी चिकित्सा पद्धति के नमूने इस प्रकार हैं :

(1) चूरन नं. 7 : उर्द की दाल में डालकर खाओ।

(2) चूरन नं. 11 : उर्द की दाल की पिट्ठी में डालकर कचौड़ी बनाकर खाओ।

(3) उर्द की दाल का पापड़ चूरन नं. 5 के साथ खाओ।

(4) उर्द की दाल और रोटी खाकर अर्के बिरंजासिफ़ पियो।

हम नहीं कह सकते थे कि उर्द की दाल के इलाज के पीछे क्या सिद्धांत था किंतु पुजारी जी के अधिकतर रोगी शीघ्र ही निरोग हो जाते थे।

एक दिन एक रोगी आया जिसके पेट में बड़े ज़ोर का दर्द था। उसे वह वायु गोले का दर्द बताता था। वह पुजारी जी का परिचित था। पुजारी जी जानते थे कि उस रोगी की चिढ़ खीरा थी। उसने खीरा कभी खाया नहीं था। उन दिनों खीरे का मौसम था। पुजारी जी ने खीरे का रायता बनवाया। उसमें एक चूरन डाला और रोगी को खिलाया। कुछ घंटों में ही रोगी भला चंगा हो गया।

पुजारी जी के इलाज विलक्षण होते थे। उन्हें नब्ज़ की अटकल बहुत थी। एक दिन एक रोगी आया जिसके हाथ-पैर ठण्डे पड़े हुए थे। नब्ज़ पर हाथ रखा था कि चौंक पड़े। कई मिनट तक सोचते रहे। फिर एक बाल्टी में बासी पानी मँगवाया। लोग अचरज से देख रहे थे। बासी पानी में उस रोगी के दोनों हाथ डुबोए। लगभग 2 घंटे इसी प्रकार हाथ डूबे रहे। तत्पश्चात हाथ निकलवाकर नब्ज़ देखी। हाथ में काफ़ी हरारत थी। पुजारी जी का चेहरा खिल उठा। बोले, "जो मैं चाहता था, वही हुआ।" तीन-चार दिन में लड़का ठीक हो गया।

एक दिन एक सज्जन उन्हें अपने घर ले गए। उनके लड़के को दो-तीन सप्ताह से बुख़ार आ रहा था। सूखकर काँटा हो गया था। पुजारी जी ने नब्ज़ टटोली। बोले, "इस लड़के को मैं कल तक ठीक कर दूँगा।" उसके पिताजी ने कहा कि "पुजारी जी, यह तो कई हफ्ते से खाट पर पड़ा है। कल तक कैसे ठीक हो जाएगा?"

पुजारी जी बोले, "जैसा मैं कहूँ, वैसा कीजिए। निश्चय ही कल तक ठीक हो जाएगा, और परसों अपने पैरों से चलकर बाज़ार जाएगा।"

सब पुजारी जी की बातें अचरज से सुनने लगे। पुजारी जी ने मूँग की दाल और गेहूँ की रोटी बनवाई। लड़के को खिलाई। वास्तव में संध्या तक ज्वर ग़ायब हो गया। और दो दिन बाद लड़का स्वयं बाज़ार जाने योग्य हो गया।

तब पुजारी जी ने सिद्धांत समझाया कि "यह लड़का वायु का रोगी है। वायु के रोगी को अधिक लंघन कराना मना है। इसे अत्यधिक भूखा रखा गया। इस स्थिति में भी बुखार आ जाया करता है। बस इतनी सी बात थी।"

पुजारी जी को कभी-कभी किसी रोगी को देखने गाँव में भी जाना पड़ता था। वहाँ वे कोई औषधि साथ नहीं ले जाते थे। रोगी को देखकर उसके मकान का चक्कर लगाते थे। गाँवों में प्रायः हर मकान के आस-पास कई प्रकार की घास उगी रहती है। उसमें से अपने मतलब की घास तोड़ कर लाते थे। फिर रोगी के घरवालों को उसका उपचार बताते थे, अर्थात् कितने पानी में इसे गरम किया जाएगा, तथा किस रूप में खिलाई जाएगी आदि इसी से रोगी ठीक हो जाया करता था।

एक दिन एक व्यक्ति पुजारी जी को अपने घर ले गया। उसका जवान लड़का पेट के दर्द के मारे तड़प रहा था। डॉक्टर साहब दवा देकर बग़ल में खड़े थे। दवा दिए हुए दो घंटे हो चुके थे। कोई प्रभाव नहीं हो रहा था। डॉक्टर साहब ने बताया कि दवा हर तीन घंटे बाद देनी है। पुजारी जी ने कहा कि इस प्रकार तो लड़का तीन घंटे तक तड़पता रहेगा।

डॉ. बोला, कोई जादू की पुड़िया हो तो आप दे दीजिए।

पुजारी जी ने जेब से एक पुड़िया निकालकर गुनगुने पानी के साथ दी। उसके बाद हींग को पानी में गरम करके लड़के की टुंडी पर उसका लेप कराया। ठीक बीस मिनट बाद एक पुड़िया और दी। उसके दस मिनट बाद दर्द कम होने लगा, और आधे घंटे बाद बिल्कुल जाता रहा।

इस चमत्कारिक इलाज से पुजारी जी का यश दूर-दूर फैल गया। दूर-दूर से लोग अपने रोगियों को लेकर आने लगे।

एक दिन पुजारी जी की परीक्षा का समय भी आ गया। मुरादाबाद से लगभग बीस किलोमीटर पर एक पुराने राजा के वंशज रहते थे। वे झुम्मन वाले राजा के नाम से विख्यात थे। अभी जवान थे। उनके पाँच लड़कियों के बाद लड़का हुआ था जो अब डेढ़ वर्ष का था। उसे एक दिन का अँतरा देकर ज्वर आने लगा। कई सप्ताह हो गए। आस-पास के कई डॉक्टरों का इलाज कराया। कोई लाभ नहीं हुआ। और बच्चे की दशा बिगड़ती ही गई। किसी ने उनसे कहा—"आप बड़े-बड़े नामी डॉक्टरों का इलाज करा चुके हैं। अब पुजारी जी की चिकित्सा भी करा के देख लीजिए। क्या पता, इन्हीं के हाथ यश लिखा हो।"

मरता क्या न करता। राजा साहब पता पूछते हुए, लड़के को लेकर पुजारी जी के घर पहुँचे। राजा और रानी ने पुजारी जी के आगे साष्टांग दंडवत किया, और कहा, ''किसी प्रकार इस बच्चे को बचा लीजिए। जीवन भर हम आपका उपकार नहीं भूलेंगे।''

पुजारी बोले, ''भाई, मेरे हाथ में कुछ नहीं है। भगवान जिसको जीवन दान करना चाहते हैं, मेरे हाथों दवा दिलवा देते हैं। बच्चे की दशा तो चिंताजनक है, फिर भी मैं प्रयत्न करूँगा।''

पुजारी जी ने दस-दस मिनट पर तीन प्रकार की दवाइयाँ दीं, किंतु ज्वर उतरने के बजाय बढ़ता ही गया। जब 105.5 डिग्री हो गया तो पुजारी जी के हाथों के तोते उड़ गए। माथे पर पसीना आ गया। इतनी बड़ी हार उन्होंने कभी नहीं खाई थी। बोले, ''अब, केवल एक उपाय बाक़ी है। कभी-कभी, जब दवा निष्फल हो जाती है, तो दुआ काम कर देती है। बच्चे को लेकर मेरे साथ मेरे मंदिर चलो।''

सब लोग मंदिर में पहुँचे। बच्चे को गोदी में लेकर उसकी माँ बैठ गई। बग़ल में उसके पिता बैठे। दो-चार गली वाले और भी साथ हो गए थे। वे भी बैठ गए। पुजारी जी ध्यानावस्थित हो गए। सब दम साध बैठे रहे।

पुजारी जी अपने ध्यान में आज तक कभी इतने तन्मय नहीं हुए थे। आँखें बंद किए अपने इष्टदेव हनुमान जी से प्रार्थना करने लगे कि, ''भगवान, इस परीक्षा में उत्तीर्ण करा दो। फिर आपसे कुछ नहीं माँगूँगा।''

आधे घंटे बाद पुजारी जी समाधि से उठे। बच्चे की बग़ल में थर्मामीटर लगाया। 104 डिग्री था। कुछ राहत मिली। दुबारा समाधि में बैठे। लगभग 20 मिनट बाद फिर उठे। बच्चे का ताप उतरकर 103 डिग्री हो गया था। पुजारी जी बोले, ''अब ताप क़ाबू में आ गया है। अब मैं इसे अवश्य ही ठीक कर लूँगा।'' दो-चार दिन के इलाज में बच्चा स्वस्थ हो गया।

पुजारी जी किसी से भी कोई पारिश्रमिक माँग कर नहीं लिया करते थे। उन्होंने अपनी बैठक में एक संदूकची रख दी थी। रोगी उसमें चाहे जो डाल देता था। इकन्नी-दुअन्नी (उस समय यही सिक्के चलते थे) से लेकर एक रुपये तक डालते थे। एक रुपये से अधिक कदाचित ही कभी किसी ने डाला हो। पुजारी जी की इतनी आय हो जाती थी कि घर का ख़र्च आसानी से चल जाता था।

पुजारी जी कई दिन से अस्वस्थ हैं। दशा बिगड़ती जा रही है। अन्न जल छोड़ दिया है। दूर-दूर से लोग देखने आ रहे हैं। उन्हीं में झुम्मनं वाले राजा भी हैं। राजा साहब कह रहे हैं, पुजारी जी, हम आपकी कोई विशिष्ट सेवा करना चाहते हैं।

पुजारी—यों तो आप कई बार मुझे यथेष्ट धन दे चुके हैं।

राजा—वह सब तो नगण्य है। हमारे योग्य कोई विशेष सेवा हो तो बताइए।

पुजारी जी कुछ कहना नहीं चाहते थे। बहुत अनुनय-विनय करने के पश्चात् उन्होंने कहा कि मेरे मंदिर का जीर्णोद्धार करा दीजिएगा।

राजा—और आपके लिए क्या करूँ।

पुजारी—कुछ नहीं। हनुमान जी की सेवा मेरी ही सेवा है।

पुजारी जी अब नहीं हैं। उस कोठरी ने अब मंदिर का रूप धारण कर लिया है। उसमें हनुमान जी की एक भव्य मूर्ति है। पत्थर का फ़र्श है। चढ़ावा चढ़ाने का स्थान है। भक्त लोग प्रतिदिन सैकड़ों की संख्या में आते हैं। मुख्य-द्वार के दोनों ओर आले बने हुए हैं। छोटे-मोटे लोग उनमें बताशे और खीलें रख जाते हैं। छोटे-छोटे बच्चे बाहर ताक में लगे रहते हैं। पेड़े, बताशे जो भी मिल जाता है, प्रसाद के रूप में खा लेते हैं।

गली वालों ने एक दिन एक सभा बुलाई। मंत्रणा की कि पुजारी जी का नाम किस प्रकार अमर किया जाए। सबकी राय हुई कि गली का नाम उन्हीं के नाम पर रख दिया जाए। उसी दिन से उक्त गली 'पुजारी गली' कहलाने लगी।

सुबह का भूला

क

लगभग 70 वर्ष पहले की बात है। अँग्रेजों की उन्नति शिखर पर थी। प्रायः संसार भर में इन्हीं की तूती बोलती थी। हर महाद्वीप के किसी न किसी भाग में इन्हीं का राज था। कहावत बन गई थी कि "अँग्रेजी साम्राज्य पर कभी सूर्यास्त नहीं होता।" किसी ने इस बात का उत्तर इस रूप में दिया था "क्यों न हो, ईश्वर तक अँग्रेजों को अँधेरे में नहीं छोड़ता, न जाने क्या उत्पात कर बैठे।"

जो काम अँग्रेज करते थे, वही मानक बन जाता था। अँग्रेज़ी वेश को बड़ी इज़्ज़त के साथ देखा जाता था। एक लड़का तेज़ी से बाज़ार जा रहा था। उससे तेज़ी का कारण पूछा तो बोला, "एक टाई लेने जा रहा हूँ। पिछली टाई ख़राब हो गई है। दोपहर की गाड़ी से ससुराल जा रहा हूँ विदा कराने। इसलिए टाई लगाना आवश्यक है।"

मुरादाबाद से एक बारात सहारनपुर जा रही थी। वर महोदय क़मीज़, धोती और टाई लगाए इधर से उधर घूम रहे थे। उनसे पूछा कि भाई, पूरे कपड़े क्यों नहीं पहने तो उत्तर दिया कि इस समय संयोग से टाई की गाँठ बड़ी खूबसूरत बँध गई है। इसीलिए लगी रहने दी है। इसी पर कोट पतलून डाल लूँगा। पता नहीं, दुबारा ऐसी गाँठ बँधे, न बँधे। हर बार तो बढ़िया गाँठ नहीं बँध पाती।

हमारे एक साथी थे। परीक्षाएँ पास करने में उन्हें कोई जल्दी नहीं रहती थी। धैर्य के साथ रुकते-रुकाते, प्रत्येक कक्षा में दो-दो, तीन-तीन वर्ष का आराम लेकर आगे बढ़ते थे। जब हम दसवीं कक्षा में पहुँचकर उनके सहपाठी हो गए, वह बुजुर्ग से लगने लगे थे। उस वर्ष वह पाँचवीं बार दसवीं की परीक्षा में बैठे और पास हो गए। उसी दिन नया सूट पहना, नई टाई लगाई, एक छड़ी हाथ में ली और सारे मुरादाबाद का चक्कर लगा आए।

मुरादाबाद के एक मुहल्ले में दो सगे भाई रहते थे : श्याम मोहन और रामदीन। बड़े श्याम मोहन रेलवे के कार्यालय में लिपिक थे, रामदीन चुंगी में। रामदीन अँग्रेजों

के अनन्य भक्त थे, श्याम मोहन विरोधी। आए दिनों दोनों में चोंचें लड़ा करती थीं।

एक दिन रामदीन बोले, "अँग्रेजों जैसी सफ़ाई पसंद कौम दूसरी न होगी। प्रतिदिन हजामत बनाना, जब घर से निकलते हैं, कमीज़ में शिकन तक नहीं होगी, टाई में सफाई से गाँठ बँधी होगी, मोज़े धुले हुए होंगे, कालर सफेद बुर्राक होगा।"

श्याम मोहन ने उत्तर दिया, "यह सब तो ठीक है, किंतु शरीर पर चाहे मैल जमी हो, नहाए चाहे हफ्तों से न हों। खाना खाने के बाद कभी कुल्ला करते नहीं। दिन भर टाफी और चाकलेट खाते हैं, किंतु उसके बाद दाँत साफ करते नहीं। इसीलिए अधिकतर अँग्रेजों के दाँत जवानी में ही टूट जाते हैं।"

रामदीन बोले, "पर यह तो तुम मानोगे कि समाज में अँग्रेज साफ-सुथरे दिखाई देते हैं।"

श्याम मोहन ने कहा, "अँग्रेजों में सामाजिक स्वच्छता है, हम लोगों में वैयक्तिक स्वच्छता। उनका नहाने का ढंग देखो। टब में बैठ कर नहाते हैं। पानी गंदा होता रहता है, वही पानी उनके शरीर से लगा रहता है और हम लोग लोटे से नहाते हैं। जो पानी शरीर पर पड़ गया, वह शरीर पर दुबारा नहीं जाता, सीधा नाली में पहुँच जाता है।"

रामदीन बोले, "परंतु कभी किसी अँग्रेज को गन्दे कपड़े पहने देखा है।"

श्याम मोहन ने कहा, "यह तो सही है, किंतु उनके टायलेट पेपर का प्रयोग कितना गंदा है? वह कभी पूर्णतया स्वच्छ हो ही नहीं सकता और हम लोगों का शौक का ढंग कितना साफ-सुथरा है।"

रामदीन बोले, "उनका मेज़ पर खाने का ढंग कितना साफ-सुथरा है। उनका कपड़े पहनने का ढंग, नाखून काटने का ढंग...."

श्याम मोहन ने कहा, "जब अँग्रेज महिलाओं का लिपिस्टिक बिगड़ जाता है, वे कहीं भी दीवार के कोने में खड़ी हो जाती हैं और थूक लगाकर लिपिस्टिक दुबारा चिपका लेती हैं। इसे क्यों भूल जाते हो? वे लोग मुर्दे गाड़ते हैं, हम उन्हें जलाते हैं। विज्ञान हमें बताता है कि शवदाह करना सबसे वैज्ञानिक ढंग है मुर्दे की अंतिम क्रिया करने का। इतना ही नहीं, हम दो गज़ ज़मीन में लाखों, करोड़ों मुर्दों को जला सकते हैं, उन लोगों को तो दो-चार सौ वर्षों में ही देश में जमीन की कमी पड़ जाएगी। क्या यह राष्ट्रीय अपव्यय नहीं कहलाएगा?"

ख

समय ने पलटा खाया। दोनों भाइयों के एक-एक लड़का हुआ। श्याम मोहन का लड़का ललित मोहन मुरादाबाद के ही एक स्कूल में पढ़ने लगा। रामदीन का पुत्र

देवीदीन पढ़ने के लिए दिल्ली अपनी ननसाल चला गया। वर्षों बाद दोनों कालिज की पढ़ाई के लिए आगरे पहुँचे। दोनों ने एक ही कालिज में नाम लिखाया, और छात्रावास में पास-पास के कमरों में ही रहने लगे। दोनों प्रायः एक ही वयस के थे, अतः उनमें भ्रातृ स्नेह के बदले मित्र भाव ही अधिक था।

ललित मोहन तो अपने पिता के साँचे में ही ढला था। वही सीधा-सादा रहन-सहन, वही उच्च विचार। देवीदीन पूरे साहब बहादुर बन गए थे। अँग्रेजी ठाठ-बाट से तो रहते ही थे, उस ज़माने के सेकिंड क्लास में यात्रा करते थे। बात-बात में अँग्रेजी झाड़ते थे और अँग्रेजों की प्रशंसा करते नहीं अघाते थे।

दशहरे की छुट्टियों के बाद घर से लौटे थे। आते ही देवीदीन ललित से बोले, "अब तो भोजन यान में बड़ा सस्ता खाना मिलने लगा है।"

ललित—वह कैसे।

देवीदीन—चार कोर्स का खाना केवल सवा रुपये में।

ललित—चार कोर्स कैसे?

देवीदीन—देखो, पहले कोर्स में कोई सूप (शोरवा) आएगा। दूसरे में उबली हुई तरकारी, तीसरे में मांस या मछली, चौथे में कोई मिठाई। मुझे अजरज़ है कि इतना सस्ता कैसे दे देते हैं।

ललित—मैं तो तुम्हारा चार कोर्स का खाना खाकर भूखा ही रह जाऊँ। मैं तो प्लेटफॉर्म से चार आने की पूरी लेकर खाता हूँ। तरकारी उसके साथ ही मिलती है। पेट भी भर जाता है, स्वादिष्ट भोजन भी मिलता है।

देवीदीन—प्लेटफॉर्म की पूरियाँ। यह कोई खाने में खाना है!. भोजन यान में शालीनता के साथ खाना चाहिए।

ललित—तुम्हें अपना चार कोर्स का खाना मुबारक रहे, मुझे अपनी पूरियाँ।

देवीदीन—तुम यह नहीं देखते कि ये कोर्स कितनी शालीनता और सफाई के साथ परसे जाते हैं और तुम्हें पता है कि एक-एक कोर्स के काँटे-चम्मच कितने महँगे आते हैं।

ललित—जहाँ तक मुझे पता है काँटे-चम्मच कभी खाए नहीं जाते। खाई रोटी पूरी ही जाती है। फिर, हमारे यहाँ का ढंग यह है कि सारी थाली एक साथ परोस दी जाती है। जो वस्तु पसंद हो, लो और जो नापसंद हो, वापस कर दो।

यह विवाद कदाचित और चलता किंतु इसी बीच एक खोमचे वाला आ गया जो हलुआ, जलेबी बेचा करता था। दोनों ने खाना आरंभ किया। ललित ने पूछा, "क्यों भई, हलुआ तो चम्मच से खा लोगे, किंतु जलेबी काँटे से कैसे खाओगे?" देवीदीन मौन रहा।

देवीदीन की ननसाल रईस थी। उसे पैसे की कोई विशेष कमी नहीं थी किंतु अपने साधनों से भी ऊँचे ठाठ से रहता था। एक दिन ललित के कमरे में जाकर

बोला, ''ज़रा मेरे कमरे में चल। एक चीज दिखाऊँगा।''

जब ललित उसके कमरे में पहुँचा तो मेज़ पर पत्थर की एक सुंदर-सी तश्तरी रखी हुई थी। वही दिखाने लगा। ललित से पूछा, ''बोलो, यह तश्तरी कितने की होगी?''

ललित ने हिसाब लगाया कि वह ऐसी तश्तरी पर कितना खर्च करता। बोला, ''चार आने की होगी।''

देवीदीन बोला, ''यार मज़ाक मत करो।''

ललित ने कहा, ''तो आठ आने की होगी।''

देवीदीन—यार, तुम तो सदैव मज़ाक करते हो। ठीक से बताओ।

ललित ने अपने विचार से ऊपरी सीमा निर्धारित कर दी, ''तो क्या एक रुपये की है?'' उसने सोचा कि इससे अधिक की तो हो नहीं सकती।

तश्तरी आठ रुपये की थी। ललित अवाक् रह गया। बोला, ''इसका क्या उपयोग होगा?''

देवीदीन—मान लो कई मित्र बैठे हुए हैं। हम एक आम लाए, और उसकी फाँकें करके तश्तरी पर रख दीं। सबको खिलाईं, बस हो गया।

ललित—मतलब दो पैसे का आम आठ रुपये की तश्तरी पर रखकर खिलाया जाएगा। वाह री अनुपात बुद्धि।

देवीदीन—तुम क्या समझो कि शालीनता (डीसेन्टी) किसे कहते हैं।

एक दिन ललित से बोले, ''चलो, ज़रा बाज़ार चलें।'' ललित ने पूछा कि क्या काम है? बोले, ''बाजार चलकर ही बताएँगे।''

दोनों बाजार गए। कई सिगार वालों की दुकान पर पूछा कि सिगरेट के पैकेट रखने का कोई खाली डिब्बा होगा? ललित ने पूछा, उक्त डिब्बे का क्या होगा? बोले, बताऊँगा।

एक दुकान पर डिब्बा मिल गया। लेकर लौट चले। होस्टल पहुँचने के थोड़ी देर बाद ललित क़ो बुलाकर अपने कमरे में ले गया। डिब्बा मेज़ पर रखा था। उसे खोलकर दिखाया। उसमें चीनी रखी थी।

ललित—ऐसे डब्बे में ख़ास तौर से चीनी रखने में क्या तुक है।

देवीदीन—तुम्हें पता नहीं नवीनतम फैशन यही है। सब अँग्रेज अब ऐसे डिब्बों में चीनी रखते हैं।

ललित—तुमने कहाँ देखा?

देवीदीन—इस बार जब मैं घर से आ रहा था सेकिंड क्लास में एक अँग्रेज महिला बैठी हुई थी। उसने ऐसे ही डिब्बे में चीनी रखी हुई थी।

बलिहारी है : जब वह महिला घर से चली होगी, कोई और डिब्बा खाली नहीं होगा, अतः उसने सिगरेट के डिब्बे में चीनी रख ली होगी।

ग

एक दिन देवीदीन ललित को खींचकर बाज़ार ले गया। वहाँ पर एक बड़ी दर्जी की दुकान थी।

वहाँ जाने पर पता चला कि हज़रत ने एक सूट सिलने को दिया हुआ है। ललित से बोले, "तुम्हें बता दिया है और किसी को भी इस सूट का पता नहीं दिया। जिस दिन यह सूट सिलकर पहुँचेगा, सारे छात्रावास को अचरज हो जाएगा।"

दुकान वास्तव में बड़ी थी। कपड़ा व्योंतने वाले और सीने वाले सब बने-ठने रहते थे। सिलाई के दाम भी ऊँचे थे, किंतु फिर भी सिलाई में दुकान की कोई ख्याति नहीं थी। लौटते समय ललित ने पूछा जब तुम्हें पता था कि इस दुकान की सिलाई बढ़िया नहीं है और दाम भी अधिक है तो यहाँ सूट सिलने क्यों दिया?

देवीदीन—इस दुकान का नाम कितना भारी भरकम है? सुनते ही श्रोता प्रभावित हो जाता है और मान लो कि हम कहें कि सूट चिथड़ू बाल दर्जी से सिलाया है, तो उस पर क्या प्रभाव पड़ेगा। ललित क़ायल हो गया।

दो दिन बाद वह 'अचरज़ का सूट' सिलकर आ गया। उस समय तो उसे चुपचाप अलमारी में सजा दिया। अगले दिन देवीदीन सवेरे तीन बजे उठे। तुरंत नहा-धो लिए। फिर बड़े तकल्लुफ के साथ सूट पहन लिया और बड़े औपचारिक ढंग से क़मीज पहनकर टाई लगाई। कालर, कालर बटन, बैक बटन, सस्पेन्डर,—सब ढंग से लगाए। पूरा सूट पहनने में लगभग पौन घंटा लगा। फिर सूट पहनकर शीशे के सामने अकड़कर खड़े हो गए। लगभग पाँच बज चुके थे। कमरे से बाहर निकले। होस्टल जाग उठा था। एक-एक मित्र के कमरे में जाने लगे। सोचते थे कि हरेक मित्र सूट को देखते ही पूछेगा कि यह कब सिलवाया? किंतु किसी ने उस पर ध्यान ही नहीं दिया। तब स्वयं पूछने लगे। मेरा नया सूट कैसा है? तब मित्र को विवश होकर पूछना पड़ा कि कब सिलवाया, कपड़ा कहाँ से लिया, क्या भाव पड़ा? किस दर्जी से सिलवाया? इन प्रश्नों का उत्तर बहुत विस्तारपूर्वक देते चले गए। इसी प्रकार साढ़े आठ बज गए। अख़बार आ गया तो उसे पढ़ने लगे। इस प्रकार तीन बजे से दस बजे तक सूट के प्रदर्शन और अख़बार के अवलोकन के अतिरिक्त कोई काम नहीं हो पाया। तभी खाना खाकर कालिज जाने का समय हो गया। किंतु उन्हें यह संतोष था कि उनका सूट सारे होस्टल ने देख लिया।

एक दिन ललित ने पूछा कि तुम्हें तो अँग्रेजों के नियम आदि सब मालूम हैं। ज़रा बताओ कि किस समय कैसा सूट पहना जाता है। उन्होंने गिनाना शुरू किया, सवेरे उठे तो पाजामा सूट उतारकर सवेरे का सूट पहन लिया जो कुछ-कुछ मोटे कपड़े का होता है। फिर कालिज जाने का सूट। कालिज लौटने पर 'चाकलेट पैंट' और सफेद कोट...इसी प्रकार दिन में पाँच बार सूट बदलना। इसका अर्थ

यह हुआ कि एक अँग्रेज का आधा जीवन कपड़े पहनने में ही बीत जाता है। यह कहना अनावश्यक है कि यह सब काल्पनिक बातें थीं। वास्तविक जीवन से कोसों दूर।

एक दिन कालिज जाने के लिए कपड़े पहन रहे थे। मोज़े पहनने लगे तो ललित बोला, आज कल गर्मी के दिन हैं। मोजों की क्या जरूरत है? तो बड़े तपाक से बोले, सारे अँग्रेज गर्मियों भर मोजे पहनते हैं। क्या वे मूर्ख हैं? फिर बोले, मोजों की गर्मी से दिमाग़ ठंडा रहता है। मस्तिष्क में तेजी आती है। यह नया सिद्धांत मालूम हुआ कि गर्मी से दिमाग ठंडा रहता है।

एक दिन कालिज के प्रिंसिपल ने स्नातकोत्तर कक्षाओं के छात्रों को चाय पर बुलाया। चाय का समय चार बजे का था। देखा कि देवीदीन जी सवा तीन बजे हजामत बना रहे हैं। ललित ने कहा कि सवेरे तो तुम रोज़ की भाँति शेव कर ही चुके हो। फिर यह दुबारा शेव कैसा? तो बोले कि जब किसी अँग्रेज के घर जाओ तो अँग्रेजों जैसा आचरण ही करना चाहिए। ललित बोला, ''हजामत बक्स जेब में डालकर ले जाओ। चार बजे से पहले एक बार फिर खुरच लेना।''

कहना नहीं होगा कि कोई अँग्रेज एक दिन में दो बार शेव नहीं करता।

इंग्लैंड में अधिकतर वर्षा होती रहती है। सूरज कम निकलता है। इसलिए मकान का हाल बीचोंबीच में चारों ओर से बंद रखा जाता है। यदि ऊपर से खुला हो तो वर्षा का पानी कभी सूख नहीं पाएगा। किंतु हमारे देश में तो धूप की कोई कमी नहीं है। इसलिए मकान के बीच में खुला चौक रखा जाता है। परंतु अँग्रेजों की देखादेखी कुछ हिंदुस्तानी भी अँग्रेजी ढंग के बंगले बनाने लगे हैं, बिना इस बात का विचार किए कि ऐसे मकान हमारे देश की जलवायु के लिए उपयुक्त हैं या नहीं।

एक दिन इसी बात पर विचार-विमर्श हुआ। देवीदीन का उत्तर था ''इसमें कोई न कोई वैज्ञानिक रहस्य भी होगा। अँग्रेज़ लोग मूर्ख नहीं हैं।''

हमारे देश में व्यायाम भोजन से पहले किया जाता है। अँग्रेज़ दोपहर के भोजन के बाद क्रिकेट खेलते हैं? ऐसा क्यों? उत्तर मिला, ''इसमें भी कोई न कोई वैज्ञानिक रहस्य होगा ही।''

अँग्रेज लोग कुर्सी मेज़ पर खाना खाते हैं। उनकी मेज़ गर्दन से ऊँची रहती है। इसमें भी कोई न कोई वैज्ञानिक कारण होगा।

हमने दर्जनों बार अँग्रेजों के साथ भोजन किया है। उनकी मेज़ कभी कमर से ऊँची नहीं जाती।

अँग्रेजों को भोजन में साफ-सफाई का कोई ज्ञान नहीं है। जिस प्याले में एक पिएगा, उसी में बिना धोए, दूसरा पी लेगा। इसमें भी कोई छिपी हुई वैज्ञानिक बात होगी।

घ

देवीदीन का विवाह लड़कपन में ही हो गया था। इधर उसकी कालिज की पढ़ाई समाप्त हुई, उधर उसे इंग्लैंड में शोध करने की छात्रवृत्ति मिल गई। उसने सोचा उसका जीवन धन्य हो गया क्योंकि इंग्लैंड उसका स्वप्न था।

इंग्लैंड पहुँचने पर तो देवीदीन को दुनिया ही नई दिखाई दी। हमारे देश में विवाह एक पवित्र बंधन है जो किसी प्रकार टूट नहीं सकता। पश्चिमी देशों में विवाह केवल एक अनुबंध है जो सुविधानुसार तोड़ा जा सकता है। इंग्लैंड और अमेरिका में प्रति वर्ष हज़ारों तलाक हो जाते हैं। अतः उन देशों में लाखों स्त्री-पुंरुष ऐसे होते हैं जिनके एक ही जीवन में कई-कई विवाह होते हैं।

कहते हैं कि यदि किसी देश की संस्कृति की झलक देखनी हो तो उसके समाचार-पत्रों में छपे हुए 'हास-परिहास' देखते रहो। इंग्लैंड के विनोदी चुटकुले प्रसिद्ध हैं, विशेषकर विवाह संबंधी। हम यहाँ दो-एक नमूने देते हैं–

(1) एक व्यंग्य चित्र में नव-विवाहित दम्पति बैठे हुए हैं। पति अपनी पत्नी को पहली बार अपने घर ले जा रहा है। पत्नी पूछती है : क्यों जी, यह स्थान तो परिचित-सा दिखाई देता है। क्या तुम्हें विश्वास है कि इससे पहले तुमने मुझसे विवाह नहीं किया था?

(2) एक जगह कई सखियाँ बैठी हुई थीं। एक ने कहा कि पड़ोसी अभी अपना विवाह करके आया है। उसकी नई पत्नी ने आते ही पति को बता दिया कि इससे पहले भी उसके छह विवाह और हो चुके हैं।

दूसरी : सच्चाई हो तो ऐसी हो।

तीसरी : ईमानदारी हो तो ऐसी हो।

चौथी : स्मरण-शक्ति हो तो ऐसी हो।

इन चुटकुलों से पता चलता है कि इंग्लैंड के निवासियों का विवाह के प्रति क्या दृष्टिकोण है। अस्तु–

एक दिन देवीदीन सन्ध्या समय घूमने जा रहा था। उसके आगे एक युवती जा रही थी जिसके हाथ में पुस्तकों के बस्ते जैसी कोई वस्तु थी। उसके हाथ से एक रूमाल गिर पड़ा। संभव है उसने जानकर गिराया हो। देवीदीन ने रूमाल उठाकर उसे दे दिया। लड़की को 'थैंक यू' तो कहना ही था। बस दोनों में बात-चीत आरंभ हो गई।

लड़की अपूर्व सुंदरी थी। उसका नाम ऐनी था। उसने बताया कि उसकी माँ वर्षों से भारतीय विद्यार्थियों को 'सशुल्क अतिथि' के रूप में रखती आई है। यह भारतीय खाने के सब व्यंजन बहुत अच्छे बनाती है। उसके हाथ की प्याज की चटनी तो भारतीय विद्यार्थी बड़े चाव से खाते हैं।

ऐनी देवीदीन को अपने घर ले गई। उसकी माँ ने उसका ऐसा स्वागत किया मानो उसका इससे बड़ा हितैषी दुनिया में कोई नहीं। देवीदीन उसकी बातों से प्रभावित हो गया। निश्चय हो गया कि अगले दिन से वह उसके घर जाकर रहने लगेगा।

उस घर में पहुँचने पर देवीदीन को पता चला कि माँ बेटी दोनों की दृष्टि उसके पैसे पर है। ज़ब वह बाजार जाता, ऐनी साथ जाती। मार्ग में कहती, मुझे फूलों का बड़ा शौक है। देवीदीन उसे फूल खरीद देता। प्रतिदिन कभी पार्क, कभी सिनेमा, कभी रेस्टरां।

उधर ऐनी की माँ की फरमाइशें भी बढ़ती जाती थीं। एक दिन बोली कि ऐनी के पास और तो सब कुछ है। केवल एक नाखून साफ करने का सेट नहीं है। बेचारा गया और एक सेट खरीद लाया। एक दिन बोली कि इसका फ्राक पुराना पड़ गया है। बेचारा उसको कपड़े की दुकान पर ले गया। दुकानदार ने एक बहुत महँगा कपड़ा दिखाया। देवीदीन कुछ हिचर-पिचर करने लगा तो दुकानदार बोला कि अब आप पश्चिम में आ गए हैं। अब अपनी जेब की ओर मत ध्यान दीजिए। जैसा देश, वैसा भेस।

शुरू-शुरू में देवीदीन अपनी पत्नी को हर दूसरे-तीसरे दिन पत्र लिखा करता था। फिर सप्ताह में एक दिन। इसके बाद दो-तीन सप्ताह में एक दिन जिसमें अधिकतर विषय रहता था कि आज कल अपना शोध-प्रबंध लिखने में व्यस्त हूँ। पत्र लिखने का समय नहीं मिलता।

धीरे-धीरे पत्र लिखना बिल्कुल बंद हो गया। उधर देवीदीन ने ऐनी से विवाह कर लिया। वे दोनों अलग फ्लैट लेकर उसमें रहने लगे।

ङ

देवीदीन एक महीने की छुट्टी लेकर हिंदुस्तान आया हुआ है। अपनी ननसाल वाले घर में और सबसे तो अच्छी तरह मिला, किंतु पत्नी से एकांत में कह दिया कि मैंने ऐनी से विवाह कर लिया है। मेरा तुम्हारा कोई संबंध नहीं है।

ननसाल वालों ने बहुत समझाया। देवीदीन के माता-पिता को पता चला। उन्होंने भी बहुत अनुनय-विनय किया किंतु वह टस-से-मस न हुआ। महीने भर बाद इंग्लैंड लौट गया। उसकी पत्नी कई दिन तक रोई, धोई। फिर अपने मैके चली गई। वे लोग काफी पैसे वाले थे। खाने की तो कोई कमी नहीं थी।

देवीदीन के माता-पिता के पास तो था ही क्या? नाना-नानी कट्टर विचार के थे उन्होंने भी उसकी कोई सहायता करने से इनकार कर दिया। देवीदीन लंदन में फटेहाल हो गया। पढ़ाई बीच में ही छूट गई। ऐनी ने तलाक की अर्जी दे दी।

कई महीने दारिद्र में ही बीत गए। कभी कोई छोटा-मोटा काम मिल जाता था जिसमें थोड़ा-बहुत पैसा हाथ आ जाता था। एक दिन एक पार्क की बेंच पर बैठा अपने भाग्य को कोस रहा था कि गश आ गया। आँख खुली एक दातव्य औषधालय में पड़ा हुआ था। उसके प्रभारी डॉक्टर कोई सेवानिवृत्त अधिकारी थे। बड़े दयालु स्वभाव के थे। वे उसका बड़ा ख्याल रखने लगे। शरीर परीक्षा से उन्हें पता चला था कि देवीदीन को क्षय रोग का आरंभ हो चुका है। बस, जी-जान से उसकी परिचर्या में लग गए। उसे दिन भर महँगी से महँगी दवाइयों के अतिरिक्त फल खिलाते रहते थे। एक परिचारिका उसके लिए नियुक्त कर दी थी।

एक दिन देवीदीन ने पूछा कि डॉक्टर साहब, आप मेरे ऊपर इतना खर्च क्यों करते हैं?

डॉक्टर बोला, मेरे पास तो है क्या जो खर्च करूँगा? किंतु एक दाता ऐसा मिल गया है जिसने कहा है कि तुम्हारी चिकित्सा का सारा खर्च वह देगा।

देवीदीन—एक दिन मुझे भी उसके दर्शन कराइए।

डॉक्टर—अवश्य।

देवीदीन ने बहुत प्रयत्न किया कि उस दाता के दर्शन हो जाएँ किंतु न हो पाए। किसी दिन डॉ. साहब कहते थे कि आज वह बहुत जल्दी में था। किसी दिन कहते कि वह सवेरे तड़के ही आकर लौट गया।

अब देवीदीन पूर्ण रूप से स्वस्थ हो गया था। एक दिन मुँह अँधेरे ही उठा और चुपके-चुपके डॉ. साहब के कमरे की ओर चल दिया। कमरे के अंदर से बुलकार आ रही थी। देवीदीन को विश्वास हो गया कि वही दाता आया हुआ है किंतु आश्चर्य! यह तो किसी स्त्री की आवाज है। कान लगाकर सुनने लगा। विश्वास हो गया कि कोई स्त्री ही है। फट से दरवाजा खोला देखा कि डॉ. साहब के सामने एक महिला बैठी है। एकदम से मुँह से निकला—तुम?

स्त्री—हाँ, मैं।

देवीदीन—मेरे लिए तो तुम मर चुकी थीं।

स्त्री—किंतु मेरे लिए तो तुम सदैव जीवित रहोगे। क्या छाया कभी शरीर से अलग रह सकती है?

देवीदीन—अच्छा, यह तो बताओ कि तुम हिंदुस्तान से कब आईं और यह नाटक कैसे रचाया।

स्त्री—सब बता दूँगी उसके लिए सारा दिन पड़ा है।

देवीदीन—सारा दिन नहीं, सारा जीवन।

प्रोफ़ेसर दीनानाथ

क

प्रोफ़ेसरों के भुलक्कड़पन और अनमनेपन के बहुत-से किस्से आपने सुने होंगे। हम यहाँ दो-एक देते हैं :

(1) एक प्रोफ़ेसर प्रति दिन सवेरे नाश्ता करने के बाद अपनी कार में कहीं-न-कहीं घूमने जाते थे। एक दिन तड़के ही किसी अतिथि को स्टेशन पहुँचाना था। कार में बैठकर उन्हें स्टेशन पहुँचा आए। स्टेशन पर ही एक उपहार-गृह में नाश्ता कर लिया। कार में बैठकर घर लौटे। सीधे गैरेज में गए। दरवाजा खोला तो गैरेज को खाली पाया। सोचा, आज हमारी कार चोरी हो गई। तुरंत कार में बैठकर थाने पहुँचे और कार की चोरी की सूचना लिखवाई।

पुलिस के अधिकारी ने पूछा, प्रोफ़ेसर साहब यह कार किसकी है जिस पर आप बैठे हैं?

प्रोफ़ेसर—मेरी।

(2) एक सेवानिवृत्त प्रोफ़ेसर वर्षों बाद अपनी मातृ संस्था में पहुँचे। वहाँ पुरातन छात्र गोष्ठी हो रही थी। इनके अनेक पुराने छात्र और छात्राएँ थीं। उनमें से एक छात्रा ने कहा कि "प्रोफ़ेसर साहब, आपको याद होगा कि मैं आपकी प्रिय शिष्या थी। आप उस समय कुँआरे थे। एक बार तो आपने मुझसे विवाह का प्रस्ताव भी किया था।"

प्रोफ़ेसर बोले, "यह तो तुमने बड़ी रोचक बात बताई कि मैंने तुमसे विवाह का प्रस्ताव किया था। अच्छा फिर, तुमने मुझसे विवाह किया था या नहीं?"

प्रोफ़ेसर दीनानाथ अपने भुलक्कड़पने के लिए प्रसिद्ध थे। यदि किसी के घर का निमंत्रण बुध को होगा तो उन्हें बृहस्पति को याद आएगा।

एक बार उनकी पत्नी ने उन्हें एक पत्र दिया था और चलते-चलते कह दिया था कि इसे याद करके पत्र-पेटी में डाल देना। रास्ते भर याद करते गए कि

पत्र को डालना है। जब पत्र-पेटी पर पहुँच गए तो जेब में हाथ डाला पत्र निकालने के लिए। पत्र घर पर ही भूल आए थे।

एक बार बनारस से लखनऊ जाना था, पहले कई बार धोखा खा चुके थे। अतः बड़ी सावधानी से समय सारिणी निकाली। पहुँचने और छूटने का समय दिन का 1.55 और 2.05 था। बनारस स्टेशन पर यथा समय पहुँच गए। गाड़ी की बाट देखते रहे। घंटों बीत गए। गाड़ी पौने तीन बजे आई। एक रेलवे कर्मचारी से पूछा कि क्या आज गाड़ी विलंब से आई है। वह बोला, "जी नहीं, गाड़ी तो ठीक समय से आई है।" उसने समय सारणी खोल कर दिखाई। गाड़ी के पहुँचने का समय पौने तीन बजे था। हुआ क्या था कि प्रोफ़ेसर साहब बनारस के बदले मुगलसराय पहुँचने का समय देख गए थे।

जब उन्हें गाड़ी पकड़नी होती थी, एक तूफ़ान खड़ा हो जाता था। पहले से तो कभी तैयारी करते ही नहीं थे। जिस दिन दोपहर को जाना होता था, उसी दिन सवेरे असबाब रखना आरंभ करते थे। कभी-कभी तो गाड़ी छूटने के समय में कठिनाई से एक घंटा रह जाता था, तब सामान रखने की सुधि आती थी। उससे पहले, यदि किसी ने याद भी दिलाया तो कहते, "अभी तो गाड़ी में देर है। अभी जल्दी क्या है?"

जब सामान रखने बैठते, वह दृश्य देखने योग्य होता। पूछते—"मेरा नीला सूट कहा है?" पता चलता कि वह तो धुलने गया है? बोले, जल्दी से दो क़मीज़ें निकालो। पता चलता कि एक क़मीज़ तो स्वयं पहने हुए हैं, दूसरी तकिए के नीचे रखी है। इतने में छाते की खोज होने लगी। तो याद आया कि उसकी दो तीलियाँ टूट गई थीं। उनकी मरम्मत अभी तक नहीं हुई है। वैसा ही छाता रख लिया।

बिस्तर बंद तो ठीक था किंतु उसका कुंडा टूटा हुआ था। फिर भी काम तो चल ही जाएगा। एक पाजामा सिलने को दिया हुआ है। निश्चय हुआ कि रास्ते में दर्ज़ी से पाजामा लेते हुए जाना है। केवल एक ही वस्तु बिल्कुल ठीक दशा में रहती थी : खाने का बक्सा, क्योंकि वह उनकी पत्नी के ज़िम्मे था।

स्टेशन पर ठीक उस समय पहुँचते थे जब गाड़ी प्लेटफॉर्म पर पहुँच रही होती थी। वह दृश्य भी विलक्षण होता था। राजू तू बक्सा उठा, मेरी छत्री कहाँ है? बिस्तर बंद खुल गया है। उसमें से एक कुर्ता गिरकर निकलने ही वाला है।

एक बार जब प्लेटफॉर्म पर पहुँचे, गाड़ी सीटी दे रही थी और दूसरे प्लेटफॉर्म से छूटने ही वाली थी। इतना समय नहीं था कि पुल पर से होकर जाएँ तो तुरंत कुली को लेकर सामने चल दिए। उलटी तरफ से गाड़ी में चढ़े। गाड़ी चलने लगी। कुली के सिर पर से सामान उतारा। कुली के लिए पैसा फेंका। गाड़ी ने गति पकड़ ली। पता चला कि एक कंबल कुली के सिर पर रखा था, वह उसी के पास रह गया।

एक बार घर से लौट रहे थे। रात को बनारस पर उतरना था किंतु सोते रह गए। मुगलसराय पहुँच गए। सोचा, अब जो गाड़ी उल्टी ओर से आएगी, उसमें बैठकर बनारस जाएँगे। प्लेटफॉर्म पर बैठे रहे। काफ़ी देर बैठे हो गए। एक गाड़ी उलटी ओर से आई, सामने के अर्थात् दूसरे प्लेटफॉर्म पर रुकी। दस निमट रुककर चल दी। उसको गए भी बहुत देर हो गई। किसी से पूछा तो पता चला कि उन्हें उसी गाड़ी पर बैठकर बनारस जाना था जो सामने से रुककर चली गई। झक मार कर फिर बैठ रहे। कई घंटे और बैठने पर गाड़ी मिली। उससे अपरान्ह में बनारस पहुँचे।

कालिज अधिकतर देर से ही पहुँचते थे। जब उनका घंटा बजता था, सामान्यतः वे आधे रास्ते में, सड़क पर, होते थे। घहीं से दौड़ते-दौड़ते चलते थे और सीधे कक्षा में पहुँचते थे। किंतु यदि किसी दिन घंटा आरंभ होने से पहले कालिज पहुँच जाते थे तो अध्यापक कक्ष में आकर बैठ जाते थे और आकर तुरंत पूछते थे कि "अभी घंटा बजने में कितनी देर है?"

एक दिन आधे घंटे की देर से पहुँचे। आते ही कहा कि आज तो छुटटी होनी चाहिए थी। अमुक नेता मर गया है। मैंने प्रोफ़ेसर रंगनाथन से पूछा था। उन्होंने कहा कि छुट्टी नहीं है। फिर एक चपरासी से पूछा। उसने कहा कि छुट्टी है। इसी गड़बड़ में मुझे थोड़ी-सी देर भी हो गई।

आधे घंटे की देर उनके विचार में 'थोड़ी-सी देर थी।'

कभी-कभी उनके विभागाध्यक्ष कह देते थे कि विद्यार्थी आपको पूछ रहे थे। मतलब यह था कि आप देर से क्यों आए हैं?

तो बहुत धीरे से कह देते थे कि डाकखाने में एक रजिस्ट्री करानी थी। उसी में थोड़ी-सी देर हो गई।

वार्षिक दीक्षान्तोत्सव में भी अधिकतर देर से पहुँचते थे जब उत्सव आरंभ हुए काफी देर हो चुकी होती थी। तब इन्हें देखकर सारे विद्यार्थी तालियाँ बजाने लगते थे।

ख

विश्वविद्यालय में एक अन्य प्रोफ़ेसर थे जो कालिज में इनके सहपाठी रहे थे। वे कभी-कभी इनके अध्ययन काल के किस्से सुनाया करते थे।

जब ये एम.ए. की परीक्षा देकर घर गए थे तो धोबी के घर से कपड़े लाना भूल गए थे। छह महीने बाद जब डिग्री लेने के लिए आए तो धोबी के घर से धुले हुए कपड़े ले आए। भगवान की कृपा से सारे कपड़े सुरक्षित मिल गए।

एक बार छुट्टियों के बाद घर से लौटे, तो मित्रों ने घेरा कि ''घर से कुछ मीठे का सामान तो लाए ही होंगे।'' तो बोले, ''इस वर्ष कुछ नहीं लाए।'' जब ये कालिज गए तो यारों ने कमरे का ताला खोलकर देखा। एक हँडिया में मोतीचूर के लड्डू भरे थे। मित्रों ने सब खा डाले। खाली हँडिया फिर काग़ज में लपेटकर जहाँ की तहाँ रख दी।

कालिज से लौटे तो उस समय बड़ी मौज में थे। मित्रों से बोले, ''आओ, आज तुम्हें सँडीले के लड्डू खिलाएँ।''

वे बोले, ''क्यों मज़ाक करते हो? तुम तो कहते थे कि इस बार कुछ नहीं लाए।'' बोले, ''मैं तो हँसी कर रहा था।''

कमरे के अंदर से हँडिया उठा लाए। मित्रगण कठिनाई से हँसी रोक रहे थे। इन्होंने सुतली की गाँठ खोली। हँडिया में लड्डू थे कहाँ जो दिखाई पड़ते।

मित्र बोले, ''यार, तुम मज़ाक कर रहे हो। तुमने तो पहले ही कहा था कि इस बार कुछ नहीं लाए हो।''

ये बोले, ''नहीं भई, मैं क़सम खाता हूँ कि लड्डू लाया था और अचरज इस बात का है कि जब मैं कमरे में हँडिया लेकर चला था तो भारी थी। यहाँ आते ही हँडिया हल्की कैसे हो गई।''

यह करिश्मा उनकी समझ में आज तक नहीं आया। लड्डू आकाश में चले गए या हँडिया में समा गए।

प्रोफ़ेसर होने के बाद भी दीनानाथ जी की आदतें ज्यों की त्यों बनी रहीं। कदाचित् ही कभी समय पर पहुँचते हों। एक बार घर जा रहे थे। स्टेशन पर पहुँचे ही थे कि गाड़ी छूट गई। बहुत निराश हुए। इनका एक रईस विद्यार्थी था। संयोग से वह अपनी कार पर एक काम से उसी दिशा में जा रहा था जिधर इनकी गाड़ी गई थी। अगले जंक्शन पर गाड़ी लगभग आधे घंटे रुकती थी। उसने इन्हें अपनी कार पर बिठाकर अगले जंक्शन पहुँचा दिया। गाड़ी मिल गई।

एक दिन एक सहयोगी से यह निश्चय हुआ कि कल कालिज के बाद साथ-साथ नगर चलेंगे। सहयोगी ने कहा कि ''देखिए, आप समय पर तैयार मिलिएगा। आपको तैयार होने में ही देर लग जाती है।'' तो बोले, ''मैं बिल्कुल तैयार अपने मकान के फाटक पर खड़ा मिलूँगा।''

जब इनके मित्र इनके घर पहुँचे तो फाटक पर तो इन्हें क्या ही मिलना था? एक लड़के से पुछवाया, तो घर के अंदर बुलवा लिया। सहयोगी ने कहा कि चलिए। इनके हाथ में एक कैमरा था। ये बोले, ''चलते हैं। ज़रा इस कैमरे को ठीक कर लूँ।''

लगभग पौन घंटे कैमरे से उलझे रहे। इस बीच कई बार मित्र ने टोका, तो हर बार कहते थे, बस, चलते ही हैं। जब कैमरा ठीक हो गया, तब बोले, ''जरा

शौचालय हो आऊँ।" वहाँ से निबटकर आए तो कपड़े पहनने लगे। लगभग डेढ़ घंटे की देर से दोनों मित्र नगर की ओर चले। फिर एक शब्द भी पश्चात्ताप का नहीं कि "क्या करूँ, देर हो गई।"

एक बार नया सूट बनवाया था। उसे पहनकर कालिज पहुँचे। बहुत उत्सुक थे अपने सबसे प्रिय सहयोगी को दिखाने के लिए। उनकी कक्षा के बाहर जाकर खड़े हो गए। इशारे से उन्हें बाहर बुलाया और पूछा, "बोलो, मेरा सूट कैसा सिला है।" मित्र ने 5 मिनट में बड़ी कठिनाई से इनसे पिण्ड छुड़ाया।

दीनानाथ जी के पास एक बड़ा भारी संदूक था। उस संदूक का पूरा इतिहास तो कोई नहीं जानता था। सुनने में आया है कि इनके परदादा की उपस्कर की एक दुकान थी। जब वह दुकान उठा दी गई तब कुछ बहुत मजबूत तख़्ते बच रहे थे। इनमें से कुछ साखू के थे, कुछ सागौन के, कुछ शीशम के। उन सबसे इनके परदादाजी ने यह संदूक बनवा लिया। दीनानाथ जी के दादाजी को पतंगों का शौक था। वे बड़े-बड़े कन्कौए उड़ाया करते थे। दादाजी कई महीने बाहर रहे। इस बीच में कुछ चुहियों ने संदूक की पेंदी में छेद कर दिया। फिर क्या था। चूहों ने सारे कन्कौए कुतर डाले। संदूक की तली में काफी बड़ा छेद हो गया था। नया तख़्ता डलवाना पड़ा।

एक बार संदूक महीनों तहखाने में पड़ा रहा। उसके ऊपर किसी ने चक्की रख दी संदूक का ढक्कन बोल गया। इसी प्रकार संदूक की सारी दीवारें एक-एक करके बदलनी पड़ीं, किंतु 'संदूक' वही था, परदादाजी के ज़माने का।

दीनानाथ जी ने संदूक की मरम्मत कराके उसमें घरभर के कपड़े, लिहाफ़, गद्दे...रख दिए थे। उसकी चाभी सदैव अपने ही पास रखते थे। उसमें से जो भी वस्तु निकालकर खर्च के लिए अपनी पत्नी को देते थे, सबका ब्यौरा टाँक लिया करते थे, इस रूप में :

(1) दो सफ़ेद चादर
(2) तीन तौलियाँ धारीदार
(3) एक कमीज़ जिसके दो बटन टूटे हुए थे।
(4) दो डिब्बी दियासलाई।

जब कभी घर की मालकिन बच्चों सहित बाहर जाती थी, इसी प्रकार गिनकर उन्हें कपड़े दिया करते थे। एक-एक कपड़े का हिसाब रखते थे। जब वे बाहर से लौटती थीं, सबसे पहले सारे कपड़ों का हिसाब कर लेते थे। यदि कोई झाड़न भी कम होती थी तो मालकिन से जवाब तलब होता था।

ग

दीनानाथ जी सेवानिवृत्त हो चुके हैं। जीवन भर बनारस के संस्कृत विश्वविद्यालय में सेवारत रहे, अतः उन्होंने बनारस में ही एक मकान बनवा लिया है। मकान में दो खण्ड हैं। इनकी पत्नी तो पहले ही बैकुंठ लाभ कर चुकी हैं। इनके एक पुत्र है और एक पुत्री। पुत्री कानपुर में ब्याही है। पुत्र के परिवार को मकान के ऊपरी भाग में किराए पर रख लिया है। पुत्र को कोई छोटी-मोटी नौकरी मिली हुई है।

पुत्र के परिवार से भी इनके संबंध कोई बढ़िया नहीं हैं। जिस महीने नियत तारीख़ पर किराया नहीं मिलता, पहले तो उसे चेतावनी देते हैं। यदि तीन-चार दिन तक किराया नहीं मिलता तो उसकी बिजली काट देते हैं।

इनके परिसर में एक अमरूद का पेड़ है। उसकी शाखें ऊपर के खंड तक पहुँच जाती हैं। एक-एक अमरूद का हिसाब रखते हैं। यदि किसी दिन एक अमरूद भी कम दिखाई दिया तो तुरंत बेटे से जवाब माँगते हैं।

बाजार के एक ढाबे में खाना खा लेते हैं। बेटा और बहू कई बार कह चुके हैं कि हमारे घर खा लिया करें, किंतु सोचते हैं कि ढाबे में तो धेली में काम चल जाता है, बेटे को तो इससे अधिक देना पड़ेगा।

इनके घर के सामने पुरानी पुस्तकों का बाजार है। इन्हें उपन्यास पढ़ने का शौक है। उक्त बाजार से दो-चार उपन्यास मँगा लेते हैं। अधिकतर उपन्यास बीस पैसे के हिसाब से मिलते हैं। दो-चार दिन बाद वही उपन्यास दस-दस पैसे में बिकवा देते हैं। कुछ दुकानें उपन्यास किराए पर देती हैं। बात लगभग वही पड़ती है।

कभी-कभी इनकी लड़की बच्चे सहित दो-चार दिन के लिए आ जाती है। वह कभी कहती है कि इसको कोई खिलौना दिलवा दीजिए, तो कहते हैं कि यह फ़िज़ूलखर्ची है। दो मिनट में खिलौना तोड़ देगा। बच्चे को प्रतिदिन पाव भर दूध ला दिया करते हैं। वह भी इन्हें नागवार गुज़रता था। एक दिन तो इन्होंने बेटी से साफ़ तौर से कह दिया कि "जब यहाँ आया करो तो बच्चे के दूध की व्यवस्था स्वयं करके आया करो।"

प्रोफ़ेसर दीनानाथ सूद पर रुपया दिया करते हैं। सूद दस पैसे रुपया माहवारी लेते हैं इस प्रकार एक वर्ष में एक रुपये का सूद 1.20 रुपया हो गया और अपना रुपया ज्यों का त्यों रहा। वास्तव में सूद तो 120 प्रतिशत से भी कहीं अधिक हुआ क्योंकि ये सूद साल भर बाद नहीं लेते वरन हर महीने दस पैसे। और जब कोई नया असामी फँसता है तो उससे एक वर्ष का सूद पेशगी ले लेते हैं।

कई वर्ष बाद की बात है। इसी प्रकार एक-एक पैसा जोड़ कर दीनानाथ

जी ने सवा लाख रुपया इकट्ठा कर लिया था। किंतु उनमें इतनी समझदारी थी कि रुपया घर पर कभी नहीं रखते थे। बिल्कुल फटेहाल रहते थे। एक बार इनके पुत्र और पुत्रवधू परदेस गए हुए थे। घर पर ये अकेले रहते थे। कुछ लोगों ने सुराग लगा लिया था कि इनके पास काफी पैसा है। एक दिन सेंध लगाकर घुस आए।

प्रोफ़ेसर दीनानाथ जाग गए। इनके पास ही एक लालटेन रखी रहती थी। सिरहाने ताली का गुच्छा रहता था। डाकुओं ने कहा कि ''चुपचाप सारा माल हमारे हवाले कर दो।''

दीनानाथ जी ने सिरहाने ने गुच्छा उठाया और उन लुटेरों के आगे फेंक कर कहा कि यह मेरा गुच्छा है और वह लालटेन। सारा घर छान मारो। जो माल मिले, उसमें से आधा तुम्हारा रहा, आधा मेरा।

लुटेरों ने घर का चप्पा-चप्पा देख डाला। जब कुछ हाथ न आया तो अपना-सा मुँह लेकर लौट गए।

एक दिन दीनानाथ जी के परम मित्र गंगाराम बोले, ''दीनानाथ जी, अब आपकी अवस्था 78 वर्ष की होने आ गई है। जिसको जो देना हो, देकर मुक्ति पा जाइए। बिना वसीयत के यदि आपको कुछ हो गया, तो न जाने आपके पुत्र और पुत्री में कैसी पटे।''

दीनानाथ जी बोले, ''गंगाराम जी, यह पैसा मैंने खून-पसीना एक करके कमाया है। अब इससे मुझे मोह हो गया है। अपने हाथ तो मैं यह किसी को दे नहीं सकता और मेरे बाद क्या होगा, इसकी मुझे कोई चिंता नहीं।''

कुछ ही दिन बाद दीनानाथ जी बीमार पड़े। रोग इतना बढ़ा कि खाट से लग गए। इनकी पुत्री को पता चला तो वह दौड़ी आई। उसने इनकी भरसक सेवा की। दिन-रात एक कर दिया। अच्छा तो इन्हें क्या ही होना था, पर इनका कष्ट काफी कम हो गया। दिन में घंटे, दो घंटे इनको गीता और रामायण सुनाया करती थी।

एक दिन गली में एक खिलौने वाला आया। दीनानाथ जी ने उससे ढेर सारे खिलौने खरीदकर दोहिते को दिए। फिर बेटी के परिवार के लिए 1 लीटर दूध प्रतिदिन का बाँध दिया।

दीनानाथ जी का अंत समय निकट है। उन्होंने एक वकील को बुलाकर बिठा लिया है। उसे बोल रहे हैं : नीचे का आधा मकान मेरी पुत्री को ऊपर का मेरे पुत्र को। नकद रुपये का तीन चौथाई पुत्री के परवरिश को, शेष पुत्र...इसके आगे बोल नहीं पाए।

भाग्य या पुरुषार्थ

क

उत्तर रेलवे की प्रथम श्रेणी के एक डिब्बे में कुछ यात्री बातें करते चल रहे थे। पं. कामेश्वर नाथ बोले, "हरेक व्यक्ति को अपने-अपने कर्मानुसार फल प्राप्त होता है। इसमें लेशमात्र भी हेर-फेर नहीं हो सकता।"

एक बार एक नर्तकी नाच रही थी। बहुत ही कलापूर्ण नृत्य था। दर्शकों में एक महात्मा बैठे हुए थे। एक बार नाचते-नाचते वह उनके पास आई तो वे बोले, "हम तुम्हारे नृत्य से बहुत प्रसन्न हैं। यदि कुछ वरदान माँगना हो तो माँग लो।"

नर्तकी ने कोई उत्तर नहीं दिया और उसी प्रकार नाचती रही। साधु ने एक बार फिर उससे वही बात कही। वह फिर चुप रही। जब साधु ने तीसरी बार कहा, "देख, वरदान का समय बीता जा रहा है। फिर मैं कुछ नहीं दे सकूँगा।"

तब नर्तकी कुछ ठिठकी और बोली, "भगवन्, मेरे पास धन, धान्य, ज़मीन जायदाद, संतान, नाती, पोते सब कुछ है किंतु यदि मेरे भाग्य से अधिक और समय से पहले आप कुछ दे सकते हों तो दे दीजिए।"

साधु महोदय सोच में पड़ गए। फिर बोले, "नहीं दे सकता।"

पं. कामेश्वर नाथ कहते गए, "अपना भाग्य हम लोग स्वयं ही बनाते हैं। हमारे संचित कर्म ही हमारा भाग्य निश्चित करते हैं। जो जैसे कर्म करता आया है, उसी के फलस्वरूप उसका भाग्य बनेगा।"

प्रोफ़ेसर द्वारकाप्रसाद बोले, "मेरी समझ में हर बात का एक समय निश्चित रहता है। ठीक उसी समय होगी न उससे एक पल आगे, न एक पल पीछे। इस संबंध में मैं एक किंवदंती सुनाता हूँ।

एक निर्जन स्थान में शिवजी की एक मूर्ति थी जिसके गले में दस नरमुण्डों की माला पड़ी रहती थी। एक भक्त प्रतिदिन उस मूर्ति की पूजा करने आता था। एक दिन वह एक खोपड़ी से बोला, 'भगवन्, मैं कर्क रोग से पीड़ित हूँ। क्या तुम मुझे ठीक कर सकते हो?'

नरमुंड बोला, 'नहीं।'

अगले दिन यही प्रश्न उसने दूसरे नरमुंड से किया। उसने भी नकारात्मक उत्तर दिया। इसी प्रकार वह प्रतिदिन एक नरमुंड से प्रश्न करता था और सदैव नहीं में ही उत्तर मिलता था।

दसवें दिन उसने दसवें नरमुंड से वही प्रश्न किया। उत्तर मिला 'हाँ।' उसने उसी समय वही प्रश्न नवें मुंड से किया। उसने भी सकारात्मक उत्तर दिया। उसने बारी-बारी से सबसे वही प्रश्न किया। आज सबने स्वीकारोक्ति की।

भक्त चकरा गया। उसने पूछा कि पहले दिन से आज तक तुम नकारात्मक उत्तर देते गए। आज जब एक ने हामी भरी तो सबके सब सकारात्मक उत्तर दे रहे हो। यह क्या बात है?

उनमें से एक खोपड़ी बोली, हर एक रोग की एक निश्चित अवधि होती है। जब पहले दिन तुमने प्रश्न किया था, तुम्हारे रोग की अवधि में 9 दिन शेष थे। आज वह 9 दिन समाप्त हो गए। आज तो हममें से कोई भी तुम्हारा इलाज कर देगा।''

लाला धनीराम व्यापारी बोले, अब मैं आपको एक कहानी सुनाता हूँ :

एक सज्जन जंगलों में यात्रा कर रहे थे। कई कुटुम्ब साथ थे। मज़दूरों पर असबाब लदा था। एक जंगल में जा रहे थे कि हलकी-सी सरसर की आवाज़ हुई मानो पत्तों पर कई व्यक्ति पैदल चल रहे हों। यात्रियों में एक बड़े अनुभवी व्यक्ति थे। उन्होंने सबको संकेत किया कि चुप रहें। वे अपने सामान में से एक हँडिया उठा लाए, और सबको एक आड़ की जगह ले गए। वे लोग अचरज में पड़ गए कि यह व्यक्ति हँडिया का क्या करेगा।

थोड़ी ही देर में क्या देखते हैं कि सैकड़ों छोटे-छोटे बिच्छू एक पंक्ति में जा रहे हैं। बिच्छू बड़े प्यारे लग रहे थे। उक्त व्यक्ति ने पूछा कि क्या तुममें से कोई ऐसा है जिस पर बिच्छू के डंक का असर न होता हो? एक व्यक्ति बोला, मुझ पर बहुत कम असर होता है। तब उसने कहा कि जल्दी से कुछ बिच्छू इस हँडिया में बंद कर दो।

बिच्छुओं की पंक्ति आगे जा चुकी थी। उसने लपककर पीछे से चार बिच्छू पकड़कर हँडिया में बंद कर लिए। हँडिया का ढक्कन बंद कर दिया। जब घर पहुँचकर उसने ढक्कन खोला तो बिच्छुओं के बदले चार अशर्फियाँ निकलीं।

तब उसी अनुभवी व्यक्ति ने कहा कि जब माया एक स्थान से दूसरे स्थान को जाती है तो अधिकतर साँप, बिच्छुओं की शक्ल में ही जाती है। वह माया थी अपना स्थान बदल रही थी, किंतु तुम्हारे भाग्य में चार अशर्फियाँ ही थीं।

तुम्हें मिल गईं।

धनीरामजी बोले, इस कहानी में निर्धारित-समय सिद्धांत यदि लगेगा भी तो

बड़ी खींचतान से। तर्कशील प्राणी तो यही कहेगा कि यह केवल संयोग था कि बिच्छुओं की पंक्ति ठीक उसी समय दृष्टिगोचर हुई जब वे यात्री जंगल में जा रहे थे।

टेकचंद जी एक रसिया थे। उन्होंने भी एक दंत कथा सुनाई : एक बार मैं एक एकांत स्थान में जा रहा था। एक पेड़ के नीचे एक चबूतरे पर एक व्यक्ति बैठा हुआ था। उसके पास दो बाँस के डंडे थे जिन्हें वह बारी-बारी से अपने माथे पर मार लेता था। मैंने उससे जाकर इसका कारण पूछा, तो उसने यह कथा सुनाई :

मेरा एक मित्र था मेघचंद। उसकी पत्नी अत्यंत रूपवती थी। मैं बचपन से ही रसिया प्रकृति का था। मेरी दृष्टि उस स्त्री पर पड़ी, और मैं अपना संतुलन खो बैठा।

एक दिन मैंने अपने मित्र से हँसी में ही यह शर्त बदी कि मैं तुम्हारा अमुक काम कर दूँगा तो मुझे क्या इनाम दोगे? उसने कहा, "जो माँगोगे सो दूँगा।" मैंने कहा कि मैं तुम्हारे घर में पहले जिन दो वस्तुओं पर हाथ रख दूँगा, वह मेरी हो जाएँगी। मित्र ने उस समय तो मेरी शर्त मान ली किंतु फिर उसने उसका मर्म समझा क्योंकि वह मेरी नीयत से परिचित था। जब मैंने उसका काम करा दिया तो शर्त पूरी करने का दिन निश्चित हुआ।

निर्धारित समय पर मैं मेघचंद के घर पहुँचा। देखा कि उसकी पत्नी तिखने की छत पर बैठी हुई है। छत पर जाने के लिए लकड़ी की सीढ़ी थी। मैं छत पर जाकर उक्त स्त्री को छूना चाहता था किंतु ज्यों ही मैंने सीढ़ी के दूसरे डंडे पर हाथ रखा, मेघचंद चिल्लाया कि बस, सीढ़ी के ये दो डंडे तुम्हारे हो गए।

दोनों डंडे उखड़वाकर मेघचंद ने मेरे हवाले कर दिए। अब मैं उन्हीं दोनों डंडों से अपना माथा फोड़ता रहता हूँ। मेरे भाग्य में तो ये दोनों डंडे ही थे, फिर मनचाही वस्तु कैसे पाता?

टेकचंद जी कहने लगे, "मैंने उस व्यक्ति से कहा कि तुम्हारी नीयत में हिसाब से तो जो वस्तु तुम्हें मिलनी चाहिए थी, मिल गई।"

ख

अभी तक ला. गट्टामल ठेकेदार चुप बैठे थे। अब बोले कि टेकचंद जी, मैंने तो यह कहानी एक प्राचीन पुस्तक में पढ़ी थी। टेकचंद जी बोले, "कदाचित आप ठीक कहते हैं। मैं अब बूढ़ा हो गया हूँ। मेरी स्मृति मुझे धोखा दे जाती है।"

गट्टामल जी बोले, यह तो रहीं दंत कथाएँ। मैं दो-एक वास्तविक घटनाएँ सुनाता हूँ।

(1) मैं एक बार कानपुर में सड़क की पटरी पर जा रहा था। मुझसे थोड़ा आगे एक अन्य व्यक्ति चल रहा था। मैंने देखा कि एक मकान की छत पर एक टीन उखड़ा-उखड़ा सा रखा है। हवा तेज़ चल रही थी। मालूम होता था कि टीन अब गिरा, अब गिरा। कदाचित उस व्यक्ति ने भी उस टीन को देख लिया था। वह दौड़कर सड़क पार करके सामने की पटरी पर चलने लगा। उसी समय टीन हवा में उड़ा और उड़कर सामने की पटरी पर उसी व्यक्ति की गरदन से जा टकराया। गरदन में गहरा घाव पड़ गया। उसे अस्पताल ले गए। शरीर में विष फैल गया। उस बेचारे की इतिश्री हो गई।

(2) यह सच्ची घटना अखबार में छपी थी। एक व्यक्ति अपने स्कूटर पर बैठकर चलने ही वाला था कि आकाश से एक चील के पंजे से छूट कर एक साँप गिरा। साँप स्कूटर वाले के कन्धे पर गिरा और तुरंत उसे काट लिया और काट कर नीचे भागा। इतने में चील ऊपर से आई और झपट्टा मार कर साँप को उठा ले गई। बेचारा स्कूटर वाला मर गया।

मौत कभी अपने को बदनाम नहीं करती। वह कभी टीन की चादर के रूप में आती है कभी साँप के रूप में।

"किंतु मारने वाले से बचाने वाला बड़ा होता है। जब सन् 1933 में मुज़फ्फरपुर में भूकंप आया था, तो कितने ही मकान खँडहर हो गए थे। उनमें से एक मकान का मलबा निकाला गया तो एक कड़ाह मिला जिसके नीचे छह महीने का एक बच्चा बिल्कुल सुरक्षित लेटा हुआ था। कड़ाह पर सैकड़ों मन मलवा गिरा पड़ा था किंतु बच्चे का बाल बाँका नहीं हुआ था।"

अब डॉ. मूलचंद की बारी थी। वे बोले :

"मैं एक बार रेल में यात्रा कर रहा था। एक मोटी-सी यूरोपीय स्त्री खिड़की के पास बैठी अपने बच्चे को झुला रही थी। मेरी पत्नी ने उससे कहा, 'देखिए, खिड़की के पास बैठकर मत झुलाइए। क्या पता कभी आपका हाथ बहक जाए।'

यूरोपीय महिला बड़ी ऐंठ के साथ बोली, 'हम तुम लोगों की तरह डरपोक नहीं हैं। अपना परामर्श अपने पास ही रहने दो।'

इतने में ही न जाने कैसे बच्चा उक्त महिला से उछटकर खिड़की के बाहर जा पड़ा। उसकी माँ ने आव देखा न ताव दरवाजा खोलकर कूद पड़ी। जंजीर खींच कर गाड़ी रोकी कई। गाड़ी थोड़ा आगे जाकर रुकी। हम सब लोग उतरकर उक्त स्थान पर पहुँचे। देखा कि महिला के शरीर के चिथड़े उड़ चुके थे किंतु बच्चा राज़ी खुशी घास पर खेल रहा था।

इसे आप भाग्य तो कह ही सकते हैं। यह भी कह सकते हैं कि बच्चे का समय नहीं आया था, महिला का समय आ गया था।"

लाला धनीराम बोले, अब दो एक घटनाएँ मुझे भी याद आ रही हैं।

(1) दिल्ली के एक बड़े चिकित्सालय की यह घटना है। एक दिन कुछ लोग एक रोगी को लाए जिसकी दशा काफ़ी बिगड़ चुकी थी, अब-तब हो रहा था। रोगी के संबंधियों को वैद्य पर अधिक विश्वास था। उस अस्पताल से संलग्न जो सबसे बड़े वैद्य थे, उन्हें बुलाया गया। उन्होंने रोगी को देखकर कहा कि दशा तो बिल्कुल निराशाजनक है। फिर भी आए के नाते एक औषधि दिए देता हूँ। कई वैद्य डॉक्टर और भी इकट्ठे हो गए थे। सबकी यही राय थी।

संबंधियों से कहा कि इन्हें हम एक कमरे में लिटाए देते हैं। सवेरे इनके लिए बाँस, बल्ली, कपड़े आदि का प्रबंध करके आ जाना।

सवेरे सारे संबंधी सब सामान लेकर अस्पताल पहुँचे। कमरे का दरवाजा खोला तो देखा कि रोगी दीवार के सहारे बैठा है। इन लोगों को देखते ही बोला कि भूख लगी है।

दो-चार दिन में रोगी भला चंगा होकर घर लौट गया।

(2) थोड़े ही दिनों की बात है। दिल्ली के वायुपत्तन पर एक अँग्रेज महिला को तटकर वालों ने बहुत तंग किया। उसके सामान की एक-एक वस्तु की बारीकी से जाँच की। उन्हें शक था कि उक्त महिला तस्कर थी। वह बहुत चीखी, चिल्लाई कि उसका वायुयान जाने ही वाला है किंतु तटकर वालों ने एक न सुनी। महिला उन लोगों को गाली देने लगी।

वायुयान इंग्लैंड जा रहा था किंतु मार्ग में ही दुर्घटनाग्रस्त हो गया। सारे यात्री मर गए। अब वही महिला तटकर वालों को धन्यवाद देने पहुँची। यदि वह उस वायुयान से जा पाती तो वह भी पल्ली पार पहुँच गई होती।

इस विषय में आप भाग्य-सिद्धांत लगाएँगे या निश्चित-समय-सिद्धांत।

टेकचंद जी बोले, सच पूछिए तो दोनों सिद्धांतों में कोई अंतर नहीं है। यदि रेल वाली महिला की घटना में उक्त महिला की मृत्यु रेल में इस प्रकार होनी थी कि वह बच्चे को खिला रही होगी, तो भाग्य-विधाता ने यह भी तो लिखा होगा कि ऐसी घटना अमुक दिन, अमुक समय, अमुक स्थान पर होगी। फिर भाग्य-सिद्धांत और निश्चित-समय-सिद्धांत एक ही हो जाते हैं। यही बात न्यूनाधिक सभी दृष्टान्तों पर ठीक बैठती है।

गट्टामल जी बोले, न तो मैं भाग्य को मानता हूँ, न समय को। मैं तो अपने पुरुषार्थ को मानता हूँ। मेरे पुरुषार्थ का फल ही मेरा भाग्य है और भाग्य में निश्चित समय निहित है। इस संबंध में मैं आपको एक दृष्टांत सुनाता हूँ।

दो मित्र थे : एक भाग्यवादी, दूसरा पुरुषार्थवादी। भाग्यवादी कहता था कि यदि हमारे भाग्य में खाना है, तो थाली अपने आप सरककर हमारे पास आ जाएगी हम न लाए तो कोई दूसरा लाएगा।

पुरुषार्थवादी कहता था कि बिना पुरुषार्थ के खाना तो क्या, एक कण भी

एक स्थान से दूसरे स्थान पर नहीं जा सकता।

दोनों अपनी-अपनी अड़ पर अडिग थे। एक बार दोनों एक जंगल में जा रहे थे। किसी जंगली पशु की माँद के पास पहुँचे थे कि शेर की गरज सुनाई दी। ये दोनों पेड़ पर चढ़ गए। एक शेर एक भैंस को खींचता हुआ ला रहा था। माँद के बगल में एक झाड़ी थी। शेर ने भैंस को उसी झाड़ी में रख दिया, और खाने लगा। जब एक तिहाई के लगभग खा चुका तब उसे झाड़ी में छोड़कर चला गया।

शेर के जाने के बाद माँद में से एक गीदड़ निकला और भैंस के शेष मांस को खाने लगा।

भाग्यवादी बोला, "देखा तुमने। शेर ने तो भैंस का दूर तक पीछा किया, तब उसे पकड़ पाया। किंतु गीदड़ को तो बना बनाया शिकार मिल गया। उसे कौन-सा पुरुषार्थ करना पड़ा।"

पुरुषार्थी बोला, "एक बात बताओ। यदि तुम्हें ईश्वर यह विकल्प दे तो तुम पुरुषार्थी शेर बनना चाहोगे या भाग्यवादी गीदड़।"

गाड़ी फफूँद स्टेशन पर पहुँच चुकी थी। सबको भूख लगी थी। खाने-पीने का डौल लगाने लगे। बातों का क्रम टूट गया। गट्टामल ने प्लेटफॉर्म से पूरी, तरकारी खरीदी और खिड़की के बाहर हाथ करके खाने लगे।

खाते-खाते गट्टामल कहने लगे, "हम जो कुछ भी पाते हैं, सब अपने पुरुषार्थ का फल। मैं तो रोज़ कुआँ खोदता हूँ, रोज़ पानी पीता हूँ। मेरे कपड़े, मेरा संदूक, मेरा मकान सब मेरे ही पुरुषार्थ का फल है। जो खाना मैं इस समय खा रहा हूँ, यह भी मेरे ही पुरुषार्थ का फल है, किसकी मजाल है जो यह खाना मेरे हाथ से छीन ले?"

एक बंदर गाड़ी के ऊपर चढ़ा हुआ था। न जाने किधर से उतरा और देखते-देखते गट्टामल के हाथ से पूरी, तरकारी झपटकर ले गया। गट्टामल चकित रह गए। इस काम में कुछ सेकंड ही लगे होंगे। जब तक गट्टामल चेते तब तक बंदर बहुत दूर जा चुका था।

रेल-यात्रा

क

हिंदुस्तान में रेल-यात्रा का अनुभव अविस्मरणीय होता है, विशेषकर नीचे दर्जे की। यों तो असबाब रखने के मुख्यतः दो स्थान निर्धारित हैं : ऊपर की बर्थ और नीचे की बर्थ के नीचे का भाग। किंतु इनके अतिरिक्त भी यात्री न जाने कितने स्थान बना लेते हैं : बैठने की सीट पर, दो बर्थों के बीच में, डिब्बे में घुसने के मार्ग में, शौचालय के बाहर।

एक बार मैं प्रथम श्रेणी में यात्रा कर रहा था। डिब्बे के गलियारे में एक व्यक्ति कामर रखे बैठा था। रास्ता प्रायः घिरा हुआ था। चलने का स्थान बहुत कम बचा था, अतः मेरा शरीर उस व्यक्ति से छू गया। वह बिगड़कर बोला, "अरे बाबू, देखकर चला करो। इतना रास्ता तो पड़ा है।" ज़रा सोचने की बात है हज़रत बिना टिकट थे, फिर प्रथम श्रेणी में यात्रा कर रहे थे। चलने का रास्ता घेर रखा था, तिस पर इतनी अकड़। फिर, उसके यह कहने का अर्थ ही मैं न समझा कि "इतना रास्ता तो पड़ा है।" मुझे तो रास्ता कहीं दिखाई नहीं देता था।

एक सामान्य नियम है कि पहले रेल से उतरने वाले यात्रियों को उतर जाने दो। फिर चढ़ने वाले यात्री चढ़ें। मैंने स्वयं इंग्लैंड में देखा है कि जहाँ गाड़ी स्टेशन पर खड़ी हुई, यात्री क्रम से उतरने लगेंगे। जब तक उतरने वाले सब नहीं उतर जाएँगे, कोई यात्री चढ़ेगा नहीं। जब उतरने वाले सब यात्री उतर चुकेंगे, तब नए यात्री एक-एक करके चढ़ेंगे। जब कोई भी यात्री प्लेटफॉर्म पर नहीं बचेगा तब गाड़ी का रक्षक टन्न से घंटी बजाएगा और गाड़ी चल देगी। इस सारी प्रक्रिया में 8-10 सेकिंड से अधिक कभी नहीं लगते। मैंने स्वयं घड़ी से मिलान किया है।

किंतु हिंदुस्तान में क्या होता है। गाड़ी खड़ी होते ही प्लेटफॉर्म के यात्री चढ़ना आरंभ कर देते हैं। वह धमाचौकड़ी मचती है कि क्या कहिए। कोई खिड़की में से संदूक अंदर घुसेड़े दे रहा है, कोई उतरने वाले का मार्ग रोक कर धँसा चला जा

रहा है। गाड़ी का एक से डेढ़ मिनट का ठहरना भी पर्याप्त नहीं होता।

उधर प्लेटफॉर्म पर एक दूसरे प्रकार का दृश्य दिखाई देता है। किसी यात्री का सारा असबाब तो उतर गया, एक बिस्तर गाड़ी में ही रह गया। वह बाहर से ही चिल्ला रहा है क्योंकि डिब्बे में जाने का मार्ग ही नहीं है।

एक स्त्री पर कोई पानी वाला लोटे से पानी डालकर नहला रहा है। सवेरे का समय है। नहाना आवश्यक है। इस समय नंगी, उघाड़ी का कोई विचार नहीं है।

एक सज्जन अपने छह बच्चों को गाड़ी पर चढ़ा चुके हैं। सातवाँ उनकी गोदी में है। चाहते हैं कि इसको भी अपनी पत्नी या किसी बच्चे के सुपुर्द कर दें किंतु वे सब डिब्बे के अंदर कुछ ऐसे दब गए हैं कि कोई दिखाई नहीं दे रहा है।

प्लेटफॉर्म पर नल से पानी लेना मानो जीवन-संग्राम है। कोई कह रहा है, मेरा बच्चा प्यासा है, कृपया मुझे पहले ले लेने दो। एक दूसरा कहता है मुझे अपनी पत्नी को दवा पिलाने के लिए पानी चाहिए। पहले मुझे ले लेने दो। इतने में एक भारी भरकम व्यक्ति आया और उसने अपना लोटा नल में अड़ा दिया। उसका शरीर देखकर किसी की कुछ कहने की हिम्मत नहीं पड़ी। इतने में ही गाड़ी ने सीटी दे दी। जो जैसा था वैसा ही चल दिया।

ख

एक बरात बरेली से कानपुर जा रही थी। बरात बरेली के प्लेटफॉर्म पर समय से काफ़ी पहले आ गई थी। उस समय थोड़े-थोड़े अंतराल से बरेली से चार गाड़ियाँ छूटती थीं : दो अप और दो डाउन। और बरात को चौथी गाड़ी से चलना था।

बरात में एक लड़की थी 7-8 वर्ष की। उसने देखा कि एक गाड़ी आई और छूट गई। जब दूसरी गाड़ी आई तो उसे आशा बँधी कि कदाचित इस गाड़ी से बरात चले। वह भी छूट गई। इसी प्रकार जब तीसरी गाड़ी भी आकर छूट गई तब उसका धैर्य जाता रहा। उसके मुँह से एकदम निकल पड़ा कि "इतनी गाड़ियाँ आ चुकी हैं। कोई गाड़ी पसंद ही नहीं आ रही है।"

चौथी गाड़ी से बरात चली। चलते ही टिकट परीक्षक आ गया। बरात में एक सज्जन कुछ मसखरे से थे, हुक्का पी रहे थे। टिकट परीक्षक ने पूछा, "आपका टिकट?" बोले, "टिकट से ही तो चिलम की आग सुलगाई है।" उसने पूछा क्या आप बरात के साथ हैं। तो बोले हम तो हुक्के के साथ हैं। और बरातियों ने संकेत से बता दिया कि यह बरात में ही सम्मिलित हैं।

रास्ते में बरातियों को भोजन बाँटा गया। लम्बी बरातों में सब एक-दूसरे

को पहचानते नहीं। यों ही भोजन बाँट देते हैं। एक व्यक्ति कुछ ऊल-जलूल सा बैठा था। उसने पूरी, कचौरी, मिठाई, सब पर खूब हाथ साफ़ किया। कुछ देर बाद वह लड़कियों से उलटी-सीधी बातें करने लगा। सबको बहुत क्रोध आया। तब प्रश्न हुआ कि यह किस बराती के साथ है। पता चला कि वह बराती था ही नहीं। कोई बिल्कुल ग़ैर था। अगले स्टेशन पर गाड़ी रुकी तो उसे मारकर निकाल दिया। प्लेटफॉर्म पर पहुँचकर बोला, "चाहे मारो, चाहे तोड़ो—पूरी, कचौड़ी तो मैंने खा ही ली।"

आजकल एक नया फैशन चला है। लड़कियाँ लड़कों के से कपड़े पहनती हैं। अतएव कपड़ों से यह कह देना कि अमुक व्यक्ति मर्द है या औरत, संभव नहीं है। किसी ने पूछा कि "यदि कोई युवक या युवती जा रही है, तो कपड़ों से तो पहचान नहीं सकते कि युवक है या युवती। फिर कैसे पता चलाओगे?"

उत्तर मिला, "बहुत आसान है। यदि वह जा रहा है तो युवक है और यदि वह जा रही है तो युवती है।"

एक सज्जन व्याख्यान देते-देते बोले कि आजकल तो लड़के, लड़कियाँ प्रायः एक से कपड़े पहनते हैं। अब देखिए वह अमुक सज्जन जो कुर्सी पर बैठे हैं, मैं नहीं कह सकता कि मर्द हैं या औरत।

उस व्यक्ति के बगल में एक प्रौढ़ बैठे थे। वे बोले, "क्षमा करें, यह मेरी पुत्री है।"

वक्ता बोले, "मैं क्षमा चाहता हूँ। मैं नहीं जानता था कि आप उसके पिता हैं।"

उक्त 'सज्जन' बोले, "मैं उसका पिता नहीं हूँ। मैं उसकी माता हूँ।"

अगला स्टेशन कदाचित हरदोई था। उस पर गाड़ी के रुकते ही हमारे डिब्बे से अगले डिब्बे में से एक युवक निकला। बुश्शर्ट और पतलून पहने हुए था। बाल कटे हुए थे। उसके हाथ में केवल एक सूटकेस था। वह सूटकेस हाथ में लेकर उस डिब्बे के शेष यात्रियों से बोला, "मैं तुम सबको मूर्ख बनाकर चल दी। याद रखना मेरा नाम मंगला पट्टनी है।" हमने यह नाम सुना तो याद आया कि इस नाम की एक महिला मद्रास की प्रदेशीय पुलिस सेवा में अधिकारी हैं, जिनका अपने साहस के लिए बड़ा नाम है।

बरातियों में से कई एक को कुतूहल हुआ कि मामला क्या था। वे प्लेटफॉर्म पर उतरकर पूछताछ करने लगे। तो पता चला कि उक्त महिला मर्दाने भेस में यात्रा कर रही थी। अगले डिब्बे में कुछ सिपाही बैठे हुए थे। यह उनके पास जाकर बैठ गई। उनमें से किसी को भी संदेह नहीं हुआ कि यह स्त्री है। रास्ते भर वे इससे बात करते गए। इसने अपना नाम मंगला प्रसाद बताया था। उस डिब्बे में उन सिपाहियों के अतिरिक्त और कोई यात्री नहीं था। यदि ज़रा भी शक हो जाता कि यह औरत

है तो वे न जाने इसकी क्या दुर्गति करते। उसे हरदोई पर उतरना था, सो राज़ी खुशी उतर गई। सिपाही हाथ मलते रह गए।

ग

गाड़ी चली। एक टिकट परीक्षक आया। वह एक सहयात्री से बोला, ''देखिए आप लखनऊ के स्टेशन पर गाड़ी बदल लीजिएगा क्योंकि यह गाड़ी 'झाँसी' होकर नहीं जाती। फैजाबाद लूप होकर जाती है।'' यात्री बोला, ''जी नहीं, यह झाँसी होकर जाती है।'' हममें से एक के पास समय सारणी थी। वह खोलकर दिखा दी। यात्री का विचार ही ठीक था।

जब टिकट परीक्षक चला गया, तो हम लोग बातें करने लगे कि कुछ रेलवे सेवकों को रेलवे संबंधी इतना ज्ञान भी नहीं होता जितना सामान्य नागरिकों को। इस संबंध में हम लोग अपने-अपने अनुभव सुनाने लगे।

एक : एक बार मैं आगरा केण्ट से मुरादाबाद जा रहा था। गाड़ी चलने ही वाली थी। एक टिकट परीक्षक आए और मेरा टिकट देखकर बोले कि यह गाड़ी मुरार रोड नहीं जाती। एक घंटे बाद दूसरी गाड़ी जाएगी। उसमें बैठिएगा।

मैंने कहा, ''मेरा टिकट मुरार रोड का नहीं, मुरादाबाद का है।''

टिकट परीक्षक बोले, ''हाँ, हाँ, मैंने देख लिया है। मुरादाबाद को भी दूसरी गाड़ी ही जाएगी।

टिकट परीक्षक का विचार बिल्कुल गलत था। वही गाड़ी मुरादाबाद जाने वाली थी।

दो : एक बार मैं लखनऊ से शाहजहाँपुर जा रहा था। ताँगे से उतरा ही था कि इंजन ने सीटी दे दी। मैं कुली पर असबाब लाद कर दौड़ा। मार्ग में एक टिकट परीक्षक खड़े थे। मैंने उनसे कहा कि मैं टिकट ले नहीं पाया हूँ इस डिब्बे में बैठ रहा हूँ। मुझे टिकट बना दीजिएगा।

मैं गाड़ी में बैठा ही था कि गाड़ी चल दी। टिकट परीक्षक महोदय आए और बोले, ''इतना रुपया टिकट का, और इतना दंड का।''

मैंने कहा 'दंड' किस बात का जब मैंने बैठने से पहले ही आपको बता दिया था कि मैं टिकट नहीं ले पाया हूँ।'' टिकट परीक्षक बोले, ''तो भी दण्ड तो देना ही होगा।'' मैं बोला, ''जरा, अपनी रूल बुक निकालिए।''

टिकट परीक्षक–आप मुझे रूल सिखाने चले हैं।

मैं–इसलिए कि आप रूल जानते ही नहीं।

उन्होंने रूल बुक निकाली। साफ लिखा हुआ था कि यदि यात्री गाड़ी में चढ़ने से पहले टिकट परीक्षक को सूचित कर दे तो कोई दंड नहीं लगेगा किंतु

यदि बैठने के बाद सूचित करे तो दंड लगेगा।

टिकट परीक्षक महोदय खिसिया गए और बोले, "आपने मुझसे यह कब कहा था कि आप अभी गाड़ी में बैठे नहीं हैं।"

मैं बोला, "प्लेटफॉर्म पर खड़ा था। मेरी बग़ल में कुली मेरा असबाब लिए खड़ा था और मैंने स्पष्ट रूप से आपसे कहा था कि मैं इस डिब्बे में बैठने जा रहा हूँ और कितना सबूत चाहिए।"

टिकट परीक्षक निरुतर हो गया।

तीन : बनारस कैंट स्टेशन पर एक बड़े से श्याम फलक पर गाड़ियों के पहुँचने और छूटने का समय दिया रहता है। मैं एक अतिथि को लेने स्टेशन गया हुआ था। सारणी में गाड़ी के पहुँचने का समय दिया हुआ था 5.20।

जब गाड़ी 5.20 पर नहीं आई तब मैंने पूछताछ कार्यालय में जाकर पूछा। तो पता चला कि गाड़ी 2 घंटा विलंबित है। उसी समय रेलवे के कोई अधिकारी वहाँ पहुँच गए। उन्होंने बताया कि गाड़ी 5.55 पर आएगी।

5-7 मिनट बाद मैंने फिर पूछताछ कार्यालय में जाकर पूछा। उन्होंने कहा, "मैं आपसे कह चुका हूँ कि गाड़ी 1 घंटा लेट है।"

उसी समय गाड़ी प्लेटफॉर्म पर पहुँचती दिखाई दी। ठीक 5.40 पर।

चार : मुझे मुग़लसराय से इलाहाबाद की गाड़ी पकड़नी थी। गाड़ी का समय था 3.30। पूछताछ कार्यालय से पता चला कि गाड़ी 4.45 पर आएगी और उसी प्लेटफॉर्म से छूटेगी जिस पर उक्त कार्यालय था। वह कदाचित प्लेटफॉर्म नं. दो था।

हम धैर्य के साथ बैठ गए। लगभग 10 मिनट बाद कुली दौड़ता हुआ आया और बोला, "आपकी गाड़ी वह देखिए, सामने प्लेटफॉर्म नं. चार पर आ रही है। जल्दी से चलिए।"

हमने तुरंत असबाब उठवाया और दौड़म दौड़ चले। चूँकि गाड़ी 10 मिनट रुकती थी, इसलिए मिल तो गई।

पाँच : मैं बनारस से कानपुर जा रहा था। कानपुर में मेरे छोटे भाई रहते थे। वे सदैव स्टेशन पर आकर मुझे ले जाते थे। उन्होंने फोन पर पूछताछ कार्यालय से पता लगाया। मालूम हुआ कि गाड़ी ठीक समय पर आ रही है और 5.25 पर पहुँचेगी।

उनकी आदत थी कि सदैव दो बार गाड़ी के समय का पता लगाते थे। दूसरी बार भी वही उत्तर मिला : 5.25। उन्होंने अपने कार चालक से कह दिया कि अपराह्न 5 बजे घर आ जाए।

गाड़ी के पहुँचने का समय 4.10 था और समय से दो-एक मिनट पहले ही पहुँच गई। स्टेशन पर कोई नहीं था। मैंने सोचा, अवश्य कोई कठिनाई पड़ी है। संभव है कोई हारी-बीमारी हो गई हो। अस्तु–

टैक्सी लेकर घर की ओर चल दिया। रास्ते में ज़ोर की बारिश आ गई। टैक्सी से कुछ बचाव तो अवश्य हुआ। किंतु जब ज़ोर की वर्षा हुई तो एक इमारत के नीचे खड़े हो गए। जब घर पहुँचे तो हमारे भाई स्टेशन की तैयारी कर रहे थे : 5.25 के हिसाब से।

छह : बनारस से अम्बाले जाना था। गाड़ी सवेरे सवा चार बजे पहुँचती थी। मेरे पुत्र और पुत्रवधू स्टेशन पर मिलने वाले थे। जब वे दिखाई नहीं पड़े तो 5-7 मिनट तो बाट देखी। गाड़ी 10 मिनट रुककर आगे चली गई। फिर सोचा कि कदाचित सोकर उठने में देर हो गई हो। फिर कुली लेकर पहले प्लेटफॉर्म पर पहुँचे तो दोनों दिखाई पड़े। हुआ यह था कि वे तो गाड़ी के समय से पहले ही प्लेटफॉर्म पर पहुँच गए थे। पूछताछ कार्यालय से पता चला कि गाड़ी एक घंटा लेट है। अभी एक घंटे के बाद आएगी।

गाड़ी उन लोगों के सामने दूसरे प्लेटफॉर्म पर पहुँची और 10 मिनट रुककर चली भी गई, किंतु उन्हें पता नहीं चला। यह हाल है पूछताछ कार्यालय वालों का जिनका कर्तव्य जनता को ठीक सूचना देना है।

घ

हम लोग लखनऊ में गाड़ी बदलकर कानपुर की गाड़ी में बैठ गए। कानपुर का स्टेशन आने में एक स्टेशन बाकी रह गया था कि एक टिकट परीक्षक आया। उससे बातें होने लगीं। उसने बताया कि कानपुर के स्टेशन से ज़रा पहले एक गुमटी पड़ती है। उस गुमटी के चौकीदार का भाई इसी गाड़ी से लखनऊ के लिए सवार हुआ है। रास्ते भर मुझे धोखा देता आ रहा है। बराबर ताक-झाँक रखता है। जिस डब्बे में वह रहता है, उसमें चढ़ने लगता हूँ तो दूसरे डिब्बे में खिसक जाता है। यों मैं उसे छोड़ भी देता किंतु उसने मुझे चुनौती दी है कि मैं उसे पकड़कर दिखा दूँ। मैंने निश्चय कर लिया है कि उसे कानपुर के स्टेशन पर ही पकड़ूँगा।

गाड़ी पैसेंजर थी। कानपुर से एक स्टेशन पहले एक छोटा स्टेशन 'गंगाजी का पुल' (कुछ लोग इसे गंगा घाट भी कहते हैं) पड़ता है। उस पर टिकट परीक्षक उतर गया। उसके तुरंत बाद एक व्यक्ति उलटी दिशा से गाड़ी में चढ़ा। उसने बताया कि मैं लखनऊ से बेटिकट आ रहा हूँ। रास्ते भर टिकट परीक्षक को चकमा देता आया हूँ और कानपुर में भी साफ़ निकल जाऊँगा।

उसी डिब्बे में एक यात्री बैठा हुआ था जो रेलवे का कोई सेवक दिखाई देता था। उसको इससे कुछ सहानुभूति हुई। उससे इसने कहा कि टिकट परीक्षक इस डिब्बे से दो-तीन डिब्बे आगे गया है। वह कानपुर स्टेशन पर गाड़ी के रुकने से

कुछ पहले उतरकर प्लेटफॉर्म पर खड़ा हो जाएगा। फिर जब यह डिब्बा उसके सामने पहुँचेगा, तब इसमें चढ़कर मुझे पकड़ेगा। तुम केवल इतना करना कि जब वह प्लेटफॉर्म पर उतरे, मुझे संकेत कर देना।

कानपुर का स्टेशन पास आ रहा था। गाड़ी की चाल धीमी हो गई थी। वह चौकीदार का भाई गाड़ी की उलटी ओर दरवाजा खोलकर पायदान पर खड़ा हो गया। ज्यों ही उसके सहायक ने संकेत किया, वह पायदान से उतरा और गुमटी की ओर चल दिया। गुमटी बिल्कुल पास थी। जब तक टिकट परीक्षक इस डिब्बे में चढ़ा, तब तक वह गुमटी में पहुँच चुका था।

डॉ. परिमल

क

रामस्वरूप परिमल एक विचित्र-सा लड़का था। आरंभ में तो स्वयं-पाकी था। दो-तीन दिन की रोटी एक साथ बना लिया करता था। इसके सहपाठी इसे तंग किया करते थे। एक दिन इसकी सारी रोटियाँ और दाल खा गए। इसने जाकर थाने में रिपोर्ट लिखाई कि लड़के इसकी 11 रोटियाँ और आधा किलो दाल चुराकर ले गए। थानेदार ने कहा कि रोटी दाल की चोरी को तो चोरी माना नहीं जाता। तो इसने रिपोर्ट में अपना एक कोट और लिखवा दिया।

इसने देखा कि स्वयं खाना बनाने का कार्यक्रम सध नहीं पाएगा, तो छात्रावास के मेस में नाम लिखवा लिया। अपनी पढ़ाई के लिए एक समय सारणी बनाई जिसमें रात को खाने के बाद ठीक 7 बजे पढ़ना आरंभ करना था। किंतु पहले ही दिन मेस में रोटी बनने में देर हो गई। कमरे में लौटा तो 7.10 हो चुके थे। फट से घड़ी को 10 मिनट पीछे हटाया और पढ़ने बैठ गया। अगले दिन घड़ी को ठीक करने की याद नहीं रही, अतः कालिज पहुँचने में देर हो गई।

सोचा यह प्रक्रिया नहीं चलेगी। अगले दिन मेस में खाने में फिर देर हो गई तो ठीक 7 बजे भूखा ही उठ खड़ा हुआ और कमरे में लौटकर पढ़ाई शुरू कर दी। दो दिन बाद यह प्रक्रिया भी कष्टदायी प्रतीत होने लगी।

बग़ल के कमरे में उसका मित्र राधेश्याम रहता था। उससे यह बोला कि यूनान का एक दार्शनिक था कांट। उसका तो एक-एक मिनट नपा-तुला रहता था। यहाँ तक कि उसकी टहलान में यह निश्चित रहता था कि अमुक स्थान पर वह ठीक 7.38 पर पहुँचेगा। अतः यदि किसी दिन कोई देखता था कि आज वह 7.39 पर आया है तो अपनी घड़ी को 1 मिनट पीछे कर लेता था। आज मेरे लिए केवल खाने और पढ़ने का समय भी नियमित नहीं रह सकता।

राधेश्याम बोला—उस समय न रेलगाड़ियाँ थीं, न कारें। न पदयात्री इतने

होते थे कि टहलान में बाधा पड़े। आज तो एक चौराहे पर यातायात मिनटों नहीं, घंटों रुका रहता है। आज उस ढंग का समय पालन संभव नहीं है।

परिमल—किंतु मेस में तो यातायात का कोई प्रश्न नहीं है।

राधेश्याम—भोजन तैयार होने में भी कई व्यक्तियों का सहयोग चाहिए : रसोइया, नौकर और खाने वाले। मान लो कि खाना तैयार भी हो जाए और चौका खाली न हो तो भी तुम्हें दस-बीस मिनट रुकना ही पड़ेगा।

एक बार दोनों मित्र कलकत्ते जा रहे थे। सोचा मार्ग में गया पड़ रहा है। क्यों न वहाँ तीर्थ स्थानों के दर्शन कर लें। एक धर्मशाला में ठहर गए। राधेश्याम को एक काम से नगर जाना था। जब लौटे तो देखा कि दर्जनों व्यक्ति, जो भिखमंगे से लगते थे, पत्तलों पर बैठे हैं भोजन की प्रतीक्षा में। सबके आगे दो-दो, चार-चार पूरियाँ रखी हैं और आलू की तरकारी। हरेक के आगे एक कुल्हड़ पानी रखा हुआ है। उन्हीं में परिमल महोदय भी बैठे हैं। राधेश्याम ने उन्हें बुलाया और कहा कि तुम कहाँ बैठ गए हो। यह तो भिखमंगों का लंगर है जिसमें मुफ्त में भोजन बाँटा जाता है।

राधेश्याम ने एक प्रकार से परिमल को घसीट ही लिया। दोनों धर्मशाला के बाहर बाजार में पहुँचे जहाँ ढाबे बने हुए थे। बिहार में सामान्यतः दाल भात ही खाया जाता है। यदि रोटी भी चाहिए तो विशेष रूप से कहना पड़ता है। ये दोनों तो उत्तर प्रदेश के रहने वाले थे। गेहूँ की रोटी खाने के आदी थे। एक ढाबे वाले से कहा कि हम रोटी दाल खाना चाहते हैं।

ढाबे वाला बोला—तो बाबूजी, कान खोलकर सुन लीजिए। दाल-भात तो 15 पैसे में मिल जाता है किंतु गेहूँ की रोटी भी लेंगे तो 20 पैसे पड़ेंगे। इससे कम नहीं।

दोनों खाने बैठ गए।

ख

हरस्वरूप परिमल ने बी.ए. तक की शिक्षा कानपुर में प्राप्त की थी। तत्पश्चात् वे बनारस चले गए। वहाँ से दर्शनशास्त्र में एम.ए. और वहीं से पी-एच.डी. की उपाधि प्राप्त की। तुरंत लेक्चरर नियुक्त हो गए। अब वे डॉ. परिमल कहलाने लगे।

डॉ. परिमल का जीवन बहुत ही नियमित है। प्रतिदिन की उनकी सवेरे की टहलान सारे काशी हिंदू विश्वविद्यालय में प्रसिद्ध है। कभी-कभी नगर की ओर भी निकल जाते हैं। वहाँ से छोटे-मोटे काम करके लौटते हैं। उनके सारे रास्ते नपे-तुले हैं।

विश्वविद्यालय की प्रिंसिपल कालोनी से बिड़ला की चौमुहानी : 18 मिनट।

चौमुहानी से केंद्रीय कार्यालय : 17 मिनट।

चौमुहानी से सर सुन्दरलाल का चौराहा : 29 मिनट।

गोधौलिया से लहुराबीर : 19 मिनट।

डॉ. परिमल का सवेरे का टहलना इतना नियमित था कि चाहे वर्षा हो, या आकाश से पत्थर पड़े, उसमें व्यवधान नहीं पड़ सकता था। यह तो हो सकता था कि कभी देर, कभी सवेर।

उनके सप्ताह के दिन भी भोजन के आधार पर ही बँटे हुए थे। सोमवार को बिना नमक का भोजन, मंगल को फलाहार, वृहस्पति को फीके दूध में रोटी डालकर...। वर्षों बिजली का पंखा नहीं खरीदा। 10 पैसे के पंखे से काम चलाते रहे। अपराह्न में लंका बाज़ार की चौमुहानी पर सब्जी की सट्टी लगती थी। उसमें डॉ. परिमल तब जाते थे जब बाज़ार बन्द होने को होता था। तरकारी छँटोर रह जाती थी किंतु सस्ती मिलती थी।

विश्वविद्यालय से थोड़ी ही दूर पर खुजवाँ बाज़ार था। उन दिनों न इतवार की बंदी का नियम था न दुकानों के बंद होने का कोई निश्चित समय। सस्ती का ज़माना था। डॉ. परिमल हर रविवार को खुजवाँ बाज़ार जाते थे। दस का एक नोट भुनाते थे और तरकारी फल आदि ले आते थे। एक बार इनके घर एक अतिथि आए हुए थे। कई सप्ताह इनके घर रहे। इनके साथ प्रति रविवार को खुजवाँ जाते थे। इनसे बोले—हैं! आप हर रविवार को लगभग 10 रुपये खर्च कर देते हैं।

उन दिनों तक मानक तौल का कोई कानून नहीं बना था। बाज़ारों में मनमाने बटखरे चलते थे। तब तक भारतीय सरकार ने दशमिक प्रणाली को नहीं अपनाया था। तौल सेर, छटाँक, तोले...में चलती थी और सेर का भी कोई मानक नहीं था तथापि चाँदी के रुपयों को एक तोले के भार का मान लिया जाता था।

ग

एक लाला थे। बचपन से पहलवानी करते थे। जवान होने तक उन्होंने असीम शक्ति अर्जित कर ली थी। नगर भर का कोई पहलवान उनके आगे ठहर नहीं सकता था। उनके हाथ में इतनी शक्ति थी कि रुपये को बीच में से मोड़ देते थे। कभी-कभी कोई तरकारी वाला आता था। यदि सौदे के लेन-देन में वह एक रुपया वापस करता था तो यह उसे हाथ में लेकर मोड़ देते थे और उसे वापस देकर कहते थे कि "यह कैसा रुपया दिया है। भला यह बाज़ार में चलेगा?" तरकारी वाला हक्काबक्का रह जाता था।

लेकिन एक दिन सेर को सवा सेर मिल गया। एक हृष्ट-पुष्ट जाटनी तरकारी लेकर आई। संयोग से उसने भी एक रुपया वापस किया। लालाजी ने उसे मोड़कर

वापस कर दिया और कहा कि यह कैसा मुड़ा हुआ रुपया दिया है? क्या यह बाज़ार में चल पाएगा।

उस जाटनी ने रुपया हाथ में लेकर उसे और मोड़ कर उसके दो टुकड़े कर दिए फिर एक हाथ में एक-एक टुकड़ा लेकर इन्हें दिखाया और बोली कि लालाजी रुपया चाँदी का तो खरा है।

लालाजी ने उसके पैर पकड़ लिए और उसी दिन से अपनी वह हरकत छोड़ दी।

घ

खुजवाँ के बाज़ार में एक दुकान पर एक सेर 80 रुपये भर का माना जाता था, एक अन्य दुकान पर 86 रु. भर का, एक तीसरी दुकान पर 90 रु. भर का।

एक दिन डॉ. परिमल ने अपने नौकर को खुजबाँ भेजा, यह कहकर कि "20 सेर गेहूँ लेकर, वहीं फटकवाकर, पिसवाकर, ले आओ।" जब नौकर गेहूँ लेकर आया, डॉक्टर साहब ने तौला तो कुल 14½ सेर निकला। डॉ. साहब ने उससे हिसाब माँगा। बड़ी देर में हिसाब समझ में आया। जिस दुकान से नौकर ने गेहूँ खरीदा था, उस पर 90 की तौल थी। गेहूँ लेकर वह एक दूसरी दुकान पर पहुँचा जहाँ कुछ औरतें गेहूँ फटकती और साफ करती थीं। ये औरतें 2 छटाँक प्रतिसेर के हिसाब से अपनी मज़दूरी काट लेती थीं। इस प्रकार गेहूँ में से 2½ सेर कम हो गया। शेष 17½ सेर गेहूँ लेकर नौकर तीसरी दुकान पर पहुँचा। वहाँ तौल 80 की थी। अतः शेष 17½ सेर गेहूँ उक्त दुकान पर फिर 20 सेर बैठा। ये लोग 2 सेर प्रतिमन के हिसाब से पिसाई लेते थे। अतः आटा घर पर 16½ सेर रह गया क्योंकि 1 सेर पिसाई कट गई।

ये 16½ सेर गेहूँ लेकर नौकर घर पर आया। डॉ. साहब के घर पर बाट 100 रु. भर वाले थे। अतः इनके घर पर आटे की तौल साढ़े चौदह सेर ही रह गई। खुजवाँ से गेहूँ इसलिए मँगवाया था कि सस्ता पड़ेगा किंतु कभी-कभी सस्ती वस्तु ही महँगी पड़ जाती है।

ङ

एक बार डॉ. परिमल के दो एक मित्र छुट्टी के दिन सवेरे-सवेरे आ पहुँचे। जब वे जाने लगे 10 बजे थे। गर्मी के दिन थे। डॉ. परिमल भी छाता लगाकर उनके साथ चल दिए। उन्होंने पूछा कि इतनी गर्मी में कहाँ जा रहे हैं।

परिमल—आज सवेरे टहलने नहीं जा पाया था। अब हुए आता हूँ।

उनके मित्र बोले, हम आपकी नियम परायणता के क़ायल हैं। आपके जैसा नियमित और व्यवस्थित जीवन इस विश्वविद्यालय में तो क्या, कई विश्वविद्यालय में भी किसी का नहीं मिलेगा।

परिमल—ऐसा नहीं है, सेर को सवा सेर मिल ही जाता है।

डॉ. परिमल के एक मित्र थे बाबा नित्यानन्द जो दिल्ली में वकालत करते थे। बचपन में दोनों आगरे की एक गली में पास-पास रहते थे। फिर नित्यानन्द वकालत करने दिल्ली चले गए। परिमल ने पहले कानपुर और फिर बनारस का रास्ता पकड़ा। बाबा नित्यानन्द इस समय दिल्ली के फौजदारी न्यायालय के चोटी के वकील थे। ये वकालत में जितने बड़े थे, उतने ही खाने के शौकीन थे। इन्होंने अपने नौकर मंगरू को ऐसा प्रशिक्षित कर रखा था कि उसको बस संकेत कर देने की आवश्यकता रहती थी। वकील आए दिनों रविवार को गोठ किया करते थे। वे मंगरू को बस इतना बता दिया करते थे कि कितने आदमी आएँगे और किस प्रकार का भोजन बनेगा। शेष सारी व्यवस्था मंगरू कर दिया करता था। खिचड़ी में दाल, चावल किस अनुपात में मिलाए जाते हैं, कितना मिर्च मसाला पड़ता है, कितने मुँगौड़ी और 'आलू पड़ेंगे, इसका पूरा-पूरा ज्ञान उसको रहता था। कितने व्यक्तियों के लिए कितनी पूरी, कचौरी चाहिए, उसके साथ कौन-कौन-सी भाजी ठीक रहेगी, आदि-आदि ये उसे कुछ बताने की आवश्यकता नहीं रहती थी। इसके अतिरिक्त अचार, चटनी, पापड़, पत्तल, कुल्हड़, प्यालियाँ—क्या मजाल कोई वस्तु छूट जाए।

मुकदमों के लिए वकील साहब को कभी-कभी बाहर भी जाना पड़ता था। वे मंगरू को केवल इतना बता देते थे कि कै दिन के लिए जाना है। वह उसी हिसाब से उनके कपड़े आदि रखकर अटैची तैयार कर दिया करता था।

डॉ. परिमल दिल्ली में नित्यानन्द जी के घर ठहरे हुए थे। रात्रि के भोजन का समय था। थालियाँ लगी हुई थीं। इतने में वकील साहब को ध्यान आया कि वे रबड़ी मँगाना भूल गए हैं। उनकी गली से थोड़ी ही दूरी पर एक दूध वाले की दुकान की रबड़ी प्रसिद्ध थी। उन्होंने डॉ. परिमल से कहा कि अभी मँगाता हूँ।

मंगरू से बोले कि जाओ, बाजार से रबड़ी ले आओ।

मंगरू नीचे उतर गया। तब बाबा नित्यानंद बोले कि मेरा नौकर इतना सुप्रशिक्षित है कि एक क्षण भी नष्ट नहीं करता। अब देखिए, वह नीचे पहुँचा। उसने जूते पहने। अब घर से बाहर निकला। अब वह गली में मुड़ा, अब सड़क पर पहुँचा, अब रबड़ी वाली दुकान पर पहुँचा। उसने दुकानदार से बात की, दुकानदार ने रबड़ी तोली, मंगरू ने रबड़ी ली और पैसे दिए, अब वह चला, अब गली के अंदर मुड़ा, अब बाईं ओर फिर मुड़ा, अब घर के अंदर घुसा, अब उसने जूते उतारे...

"मंगरू रबड़ी ले आया।"

"जी सरकार, ले आया।"

एक मिनट में मंगरू रबड़ी का दोना लिये सामने खड़ा था।

डॉ. परिमल स्तंभित रह गए। कितना सुप्रशिक्षित नौकर है। सोचा, बनारस पहुँचकर मैं भी अपने बुद्धा को इसी प्रकार का प्रशिक्षण दूँगा।

कुछ दिन बाद बाबा नित्यानन्द बनारस आए। डॉ. परिमल ने सोचा कि इस बार मैं नहले पर दहला लगाऊँगा। उनके घर के पास ही एक जौनपुर के हलवाई ने दुकान खोली थी। उसकी इमरती बड़ी प्रसिद्ध होती जा रही थी। रात के खाने के समय इन्होंने जानबूझकर इमरती छोड़ दी। फिर बुद्धा से कहा कि इमरती ले आए। जब वह नीचे उतरा तो इन्होंने भी वही नाटक किया।

देखिए अब बुद्धा नीचे उतरा, अब वह घर से बाहर गया...अब उसने इमरती का दोना लिया, अब वह घर की ओर चला...अब उसने घर के अंदर पैर रखा।

"बुद्धा!"

"जी हुजूर!"

"इमरती ले आया!"

"हुजूर अभी तो जूते पहन रहा हूँ।"

सौ से बुरा, हज़ार से अच्छा

क

कर्महीन खेती करे। सूखा पड़े या बैल मरे।।

प्रत्येक देश में कुछ अंधविश्वास प्रचलित होते हैं। घर से निकलते ही काना मिल जाय तो समझो कि काम नहीं बनेगा। इसी प्रकार, यदि खाली घड़ा या तेल दिखाई दे जाए तो समझो अनिष्ट होने वाला है।

इंग्लैंड में संख्या 13 को अनिष्टकारी मानते हैं। वे लोग 13 तारीख को यात्रा नहीं करेंगे। यदि कोई दावत करेंगे तो 13 व्यक्तियों को कभी नहीं बुलाएँगे। 13 नंबर का टेलीफोन नहीं लेंगे।

यदि कोई सीढ़ी दीवार से खड़ी हो तो उसके नीचे से कभी नहीं निकलना चाहिए। किंतु कुछ नवयुवक जानबूझकर ऐसे अंधविश्वासों की अवहेलना करते हैं चाहे इसमें कष्ट ही उठाना पड़े। एक बार दो युवक सड़क की पटरी पर जा रहे थे। एक दुकान की (शीशे की) दीवार के सहारे एक सीढ़ी खड़ी थी। सीढ़ी के नीचे बहुत थोड़ा स्थान था। किंतु दोनों युवक अपनी निर्भयता दिखाने के लिए सीढ़ी के नीचे से ही गए। सीढ़ी खिसक गई, दुकान का शीशा टूट गया और इन लोगों को हर्जाना देना पड़ा।

किसी ने अपने मित्र से पूछा कि क्या तुम अंधविश्वासों को मानते हो?

मित्र बोला, नहीं, मैं बिल्कुल नहीं मानता क्योंकि वे अनिष्टकारी होते हैं।

यह तो रही अंधविश्वासों की बात। किंतु कभी-कभी जीवन में विचित्र संयोग भी हो जाते हैं।

एक बार मैं घर से चला। कार में पेट्रोल कम था। सोचा मार्ग में कई पेट्रोल पंप पड़ते हैं कहीं भरवा लूँगा। पहले पंप पर पहुँचा। मालिक ने तब तक दुकान खोली ही नहीं थी। सोचा दूसरे पर भरवा लूँगा। दूसरे पर पता चला कि बिगड़ा हुआ है। तीसरे पर दुकान खुली थी, पंप भी ठीक था किंतु विक्रेता महोदय चाय

पीने गए हुए थे। चौथे पंप पर पिछली रात ही पेट्रोल समाप्त हो चुका था।

अगले दिन की बात है। बाज़ार में जा रहा था। एक मकान की छत पर राज मज़दूर लगे हुए थे। कदाचित एक नया कमरा बन रहा था। अकस्मात एक खड़ी ईंट मेरी आँख के ठीक सामने आकर गिरी। ईंट में और मेरे सिर में कदाचित 2 सेंटीमीटर की ही दूरी रह गई थी, अन्यथा सिर फूटने में क्या कसर रह गई थी।

बाज़ार से लौट रहा था। मेरी ही गली में एक मकान हफ्तों से गिराऊ हो रहा था। मैं कठिनाई से उससे एक कदम आगे निकला था कि मकान अर्राकर गिर पड़ा। गली में ईंटों और मलवों का एक पहाड़-सा बन गया।

सोचा आज कोई अनिष्ट होने वाला है। उस दिन फिर मैं घर से नहीं निकला।

ख

बचपन की बात है। उन दिनों बहुत मोटी लकड़ी के संदूक बना करते थे। उनपर टीन की चादर चढ़ी रहती थी जिसका किनारा ढक्कन के आगे तक निकला रहता था।

हमारे एक बुजुर्ग थे जिन्हें हम ताऊजी कहा करते थे। उनकी लड़की ऐसे ही संदूक में कुछ सामान रख रही थी। इतने में ही संदूक का ढक्कन आन पड़ा। लड़की ने जल्दी से हाथ हटाया तो बायाँ अँगूठा टीन के किनारे की चपेट में आ गया। अँगूठा कट गया। खून की धार बहने लगी। डॉक्टर को बुलाया गया। मरहम पट्टी ही गई। मुहल्ले के बहुत से लोग हाल पूछने और सांत्वना देने चले आए। मैंने देखा कि ताऊजी एक कोने में बैठे ईश्वर को संबोधित करके कह रहे हैं, हे ईश्वर, तेरा लाख-लाख शुक्र है!

मैंने कहा कि ताऊजी, लड़की का अँगूठा कट गया और आप ईश्वर को धन्यवाद दे रहे हैं।

वे बोले, "बेटे, तुम समझोगे नहीं। अँगूठा ही तो कटा है। संदूक की चपेट में कलाई भी तो आ सकती थी। और यदि गर्दन भी आ जाती तो हम क्या कर लेते।"

मैं सोच में पड़ गया। वे फिर बोले, "हर हाल में ईश्वर को धन्यवाद ही देना चाहिए। कोई कठिनाई आन पड़े तो समझो कि किसी बड़ी मुसीबत को टाल कर आई है। जुकाम होता है तो बुख़ार को रोककर आता है। इसीलिए पुराने ज़माने में जब किसी रईस को जुकाम होता था तो उनके हाली मवाली आकर कहते थे, 'हुजूर, जुकाम मुबारक हो।' आशय यही होता था कि यदि जुकाम न आता तो

ज्वर आता। शरीर का विष तो किसी न किसी प्रकार निकलना ही था।''

हम लोग ईश्वर से शिकायत करते रहते हैं कि तू ने यह नहीं दिया, वह नहीं दिया। किंतु जहाँ शिकायत का अवसर होता है, वहीं धन्यवाद का अवसर भी होता है। हमें जो कुछ मिला है, उस पर ध्यान नहीं देते। जो नहीं मिला, उसकी शिकायत करते हैं।

सुनते हैं राजस्थान में कहीं पर पास-पास पानी के दो चश्मे हैं। एक गरम पानी का, दूसरा ठंडे पानी का। उन चश्मों के पानी में कुछ विशेषता है। कोई मैला कपड़ा गरम पानी में डालिए। कपड़े की गंदगी तुरंत उभरकर आ जाएगी। फिर उसी कपड़े को ठंडे चश्मे में डालिए। कपड़ा बिल्कुल साफ हो जाएगा।

वहीं पर कुछ पहाड़ी बसते हैं। एक पहाड़ी से किसी आगंतुक ने कहा कि तुम पर प्रकृति की बड़ी कृपा है जो ऐसे दो चश्मे दे रखे हैं।

पहाड़ी बोला—कृपा क्या ख़ाक है? क्या प्रकृति थोड़ा साबुन और तेल नहीं दे सकती थी?

मेरे एक संबंधी थे जो मुझसे 10-12 वर्ष बड़े थे। खूब हृष्ट-पुष्ट थे। मैंने उन्हें कभी धीमी चाल से चलते देखा ही नहीं था। उनकी सामान्य चाल मेरी तेज़ चाल से तेज़ थी। मैं उन्हें चाचाजी कहा करता था और वे मुझे बचुआ नाम से पुकारते थे। जब वे चलते थे, मैं उन्हें पकड़ नहीं पाता था।

वर्षों बीत गए। एक दिन मैं मुरादाबाद की एक सड़क पर जा रहा था कि पीछे से आवाज़ आई, 'बचुआ'। मैंने पीछे मुड़कर देखा कि कोई बुड्ढा दोनों हाथों में काठी लिए धीरे-धीरे चल रहा है। मैं समझा कि मुझे भ्रम हुआ है। मैं आगे बढ़ने लगा। फिर आवाज़ आई, 'बचुआ'। मैंने फिर मुड़ कर देखा। उस व्यक्ति की सूरत पर ध्यान दिया तो मैं अवाक् रह गया। मुँह से निकला चाचाजी आप? यह आपका क्या हाल है, वे बोले—हाँ, बेटा, टाँगों को फालिज मार गया।

मैंने कहा, ''आप तो रेलवे की नौकरी में थे।''

वे बोले, ''हाँ, पर अब नौकरी कहाँ रखी है?''

मैंने कहा, ''क्या सेवा-निवृत्त हो गए?''

वे बोले, ''नहीं, शारीरिक अयोग्यता के कारण निकाल दिया गया।''

मालूम होता था कि बज्र गिर पड़ेगा। मैंने जो उनकी शक्ल बचपन में देखी थी, क्या उसे देखकर कभी कल्पना भी हो सकती थी कि उनकी टाँगों में कभी कोई विकार हो सकता है?

कई वर्ष की बात है। मुहल्ले में एक लड़के का विवाह हो रहा था। लड़का वाले के घर के आगे तख़्त बिछे हुए थे। उस पर हम सब बैठे हुए थे। हू हक़ हो रहा था। बीच में एक वृद्ध बैठे हुए थे जो इतना उछल-उछलकर बात कर रहे थे कि लड़कों को मात करते थे। जिधर कोई बोलता था, इतनी तेज़ी से उसकी

ओर घूम जाते थे कि हम लोग दाँतों तले उँगली दबाकर रह जाते थे। हम सबमें सबसे वृद्ध वही थे और सबसे फुर्तीले भी वही। हर दस सेकंड पर फिरकी की तरह घूम जाते थे। मेरे बुजुर्ग 'ताऊजी' मेरे पास बैठे थे। मैंने उनसे पूछा, "यह कौन हैं?" उत्तर मिला, "नगर के प्रसिद्ध रईस, साहू रामनाथ हैं। तुम इन्हें नहीं जानते!"

तीन महीने बाद की बात है। मैं उन्हीं बुजुर्ग की बैठक में बैठा हुआ था कि सामने गली की नुक्कड़ से एक बुड्ढा आता हुआ दिखाई दिया। वह बस चींटी की चाल से चल रहा था। कठिनाई से ही चल पा रहा था।

मैंने उन्हीं ताऊजी से पूछा, "यह कौन सज्जन आ रहे हैं?" उत्तर मिला, "साहू रामनाथ।"

मैं अवाक् रह गया। उस वृद्ध की जो सूरत मैंने तीन महीने पहले देखी थी, उसमें और आज की अवस्था में आकाश पाताल का अंतर था। मैं उन्हें पहचान ही नहीं सका था। मैंने कहा, "हैं, यह तीन महीने में इतना महान अंतर।" उत्तर मिला, "इनका जवान बेटा जाता रहा।"

मैं लगभग एक वर्ष मथुरा के एक इंटर कालिज में अध्यापक रहा था। उस अवधि में मथुरा नगर के बहुत से निवासियों से परिचय हो गया था। नगर के एक प्रसिद्ध वकील थे बाबा चंपक लाल। उनका खूब चौड़ा सीना, रंग गोरा, कद लम्बा—एक विशाल व्यक्तित्व था। लोग उन्हें खूबसूरत वकील कहते थे। जिधर भी निकल जाते थे दूर से चमक जाते थे। उनके शरीर पर हर प्रकार का वेश फबता था—कोट, पतलून, कुर्ता, धोती, शेरवानी, चूड़ीदार पाजामा—वे किसी वेश में भी जँच जाते थे।

इसके बाद मैं इंग्लैंड चला गया। लौटकर एक विश्वविद्यालय में नियुक्त हो गया। लगभग 15 वर्ष बाद फिर मथुरा जाने का संयोग हुआ। अपने एक मित्र के घर ठहरा था। उनके साथ संध्या समय टहलने जा रहा था। इस बीच में कई बस्तियाँ बन गई थीं। उन्हीं में से होकर हम जा रहे थे कि मेरे मित्र ने कहा, "तुम्हें वकील चंपक लाल की याद है?"

मैंने कहा, "भला ऐसे व्यक्तित्व को कौन भूल सकता है?"

वे बोले, "उन्होंने इसी बस्ती में एक मकान बनवा लिया है। उनसे मिलोगे?"

मैंने कहा, "अवश्य।"

उन्होंने मुझे एक नए मकान के आगे ले जाकर खड़ा कर दिया। दो-तीन सीढ़ियाँ चढ़ने के बाद बैठक में पहुँचे। मेज़ के सामने एक कुर्सी पर कोई अधेड़ व्यक्ति बैठा हुआ था। गर्दन झुकी हुई थी, रंग काफी ढक गया था, अस्थि पंजर दिखाई दे रहा था।

मैं बिल्कुल नहीं पहचाना कि यह कौन हैं। मेरे मित्र ने उनसे कहा, "चंपक

लाल जी, ये आपके पुराने मित्र आपसे मिलने आए हैं।''

उस क्षेत्र में चंपक लाल बहुत सामान्य नाम है। मैं समझा कि ये कोई दूसरे चंपक लाल हैं, मेरे पुराने मित्र नहीं हैं। किंतु जब उनसे बातचीत आरंभ हुई और पुरानी घटनाओं का उल्लेख आया तो मुझे मानना पड़ा कि ये वही पुराने चंपक लाल हैं। मेरा मुँह खुला का खुला रह गया। औरों के विषय में हम यह कहते हैं कि वह दुबले हो गए, या केवल ढाँचा रह गया है, या स्वास्थ्य गिर गया है। किंतु चंपक लाल के संदर्भ में ये सारी अभिव्यंजनाएँ फीकी पड़ जाती हैं। यहाँ तो कहना पड़ेगा कि यह चंपक लाल है ही नहीं, कोई दूसरा व्यक्ति बिठा दिया गया है। इन्हें देखकर कोई यह कह ही नहीं सकता था कि यह व्यक्ति कभी भी सुंदर या स्वस्थ रहा होगा। कोई भी यही अनुमान करता कि यह तो जीवन भर कांतिहीन और लुजलुज ही रहा होगा।

उन्होंने बताया कि उन्हें हृदय रोग हो गया था। वर्षों बीमार रहे। सारे डॉक्टरों ने जवाब दे दिया था। अंत में एक प्राकृतिक चिकित्सक ने उन्हें मिट्टी में एक गड्ढा करके गर्दन तक उसके अंदर बिठा दिया था। कई सप्ताह इसी दशा में रहे। जान तो बच गई किंतु बेजान से ही दिखाई दे रहे थे। बस यों समझिए कि नाम मात्र को जिंदा थे।

मैं वहाँ से लौटा तो मालूम होता था कि कोई अचंभा देखकर आ रहा हूँ।

ग

झूठे सुख को सुख कहें, मानत हैं मन मोद।
जगत चबेना काल का, कुछ मुँह में, कुछ गोद।।

सुख-दुख दोनों क्षणभंगुर हैं। इनमें से एक भी स्थायी नहीं है, न हो सकता है।

नूरजहाँ का विवाह 'शेर अफ़गन' नाम के एक योद्धा से हुआ था। दोनों एक-दूसरे के साथ बहुत ही सुखी थे। एक दिन आपस में बातें कर रहे थे, ''क्या संसार में हमारे जैसा सुखी भी कोई और दम्पति होगा?''

नूरजहाँ बोली, ''कदाचित नहीं होगा, किंतु मेरा मन यह कहता है कि ईश्वर से हमारा यह सुख बहुत दिन देखा नहीं जाएगा।''

कितना मार्मिक वाक्य था। एक प्रकार से भविष्वाणी भी थी क्योंकि उसके थोड़े दिन बाद ही शेर अफ़गन की हत्या हो गई और नूरजहाँ मुगल राजा जहाँगीर के हरम में पहुँच गई।

किंवदंती है कि किसी के दो पुत्र हुए जिनके शरीर पेट के नीचे से जुड़े

हुए थे। ऊपर के धड़ अलग-अलग थे। जब एक खड़ा होता था तो दूसरे का धड़ लटका रहता था। यदि एक खाता था तो दूसरे को भी खाना पड़ता था, अन्यथा बीमार पड़ जाता था।

उन दोनों में से एक आशावादी था, दूसरा निराशावादी। एक कहता "ईश्वर तेरा लाख-लाख शुक्र है। यदि इससे भी बुरी दशा होती तो हम क्या कर लेते?"

दूसरा कहता, "भला इससे बुरी दशा और क्या होती?"

कुछ दिन बाद आशावादी मर गया। अब निराशावादी को उसके शव का बोझ उठाना पड़ा। थोड़े दिन और बीते। जब आशावादी की लाश सड़ने लगी, उसमें कीड़े पड़ गए। कीड़े पेट के मार्ग से निराशावादी के शरीर में घुसने लगे। उसे असह्य पीड़ा होने लगी। उसके मुँह से बरबस निकला कि इससे तो पिछली स्थिति ही अच्छी थी।

समय की गति

क

सन् 1947 की बात है। भारत का विभाजन हो रहा था। आबादी की अदला-बदली के सिद्धांत को अवांछनीय किंतु अनिवार्य तथ्य के रूप में स्वीकार कर लिया गया था। दो मार्ग निर्धारित कर लिए गए थे : एक पाकिस्तान से हिंदुस्तान आने के लिए, दूसरा हिंदुस्तान से पाकिस्तान जाने के लिए। प्रवासियों की संख्या हजारों में नहीं, लाखों में थी। इतने बड़े पैमाने पर प्रवासन संसार के अन्य किसी भाग में न हुआ होगा।

पाकिस्तान के लाखों निवासियों को घर छोड़कर हिंदुस्तान आना पड़ा। यदि वहीं पर रहते तो न जाने कितनों की हत्या और हो जाती। किसी के माँ-बाप मारे गए, किसी के बच्चे, किसी की पत्नी, किसी की बहन। जो भी वहाँ से चल सके, चल दिए। यदि इतना समय मिला कि घर का कुछ सामान उठा सके तो उठा लिया। किसी के हाथ में एक डोलची थी, किसी के हाथ में बक्सा किसी ने सिर पर खाट रख ली और उस पर जितना सामान अँटा सकते थे, अँटा लिया। प्रलय का दृश्य दिखाई दे रहा था। कहीं रास्ते में ही किसी गर्भिणी को प्रसव वेदना आरंभ हो गई। उसके सगे संबंधी, जो भी साथ थे, उसे घेर कर खड़े हो गए। प्रसव होते ही फिर चल दिए। ऐसे में न जाने कितने बच्चे मर गए, कितनी जच्चाएँ काल कवलित हो गईं।

पहले और दूसरे मार्ग में केवल दिशा का ही अंतर था। दृश्य दोनों ओर एक-सा ही था। रास्ते में विश्राम करने के लिए पड़ाव डाले हुए थे। अधिकतर एक खाट खड़ी कर लेते थे। उसके नीचे खाने-पीने का सामान रख लेते थे। बहुत-सी दातव्य संस्थाएँ नाज, तरकारी बाँट रही थीं। कुछ लोगों को मिल जाता था, कुछ रह जाते थे।

कुछ लोग एक बैलगाड़ी में एक रोगी को ला रहे थे। यद्यपि थोड़ी-बहुत दवाइयाँ तो साथ में रख ली थीं, फिर भी इस ढंग की यात्रा में रोगी की क्या शुश्रूषा

हो सकती थी। रोगी ने मार्ग में ही दम तोड़ दिया। गाड़ी रोक ली गई। पास से थोड़ी-बहुत जितनी भी लकड़ी जुटा सके, जुटा ली और चिता में आग लगाते ही चल दिए।

कहीं एक बच्चा बिलख रहा था। यात्रा के आरंभ में माँ उसके साथ थी। न जाने कहाँ बिछुड़ गई। एक दयालु स्त्री ने उसे उठा लिया और ऊपरी दूध पिलाने लगी। पता नहीं फिर बच्चे का क्या हुआ।

कभी-कभी ऐसा दृश्य भी दिखाई देता था कि एक शव पड़ा हुआ है और न पास में कोई लकड़ी है न आग देने वाला। पता ही नहीं कि उक्त व्यक्ति किस परिवार का था। वहाँ किसे इतना अवकाश था कि किसी अजनबी के शव का क्रिया-कर्म करे। अपनी ही जान के लाले पड़े हुए थे। यही चिंता थी कि जल्दी से जल्दी देश की चौहद्दी पार करके ही शांति की साँस लें।

कहीं पर एक स्त्री लेटी हुई थी। उसे कदाचित दो-एक दिन से खाना नहीं मिला था। उसके स्तन से एक बच्चा चिपटकर रो रहा था क्योंकि स्तनों में दूध नहीं था। कहीं पर एक वृद्ध एक लड़की की उँगली पकड़े हुए चल रहे थे। वह उन्हें मार्ग में ही कहीं मिल गई थी। उसे साथ ले लिया था। उसके माता-पिता का कोई पता-ठिकाना नहीं था।

एक परिवार के साथ एक लड़का चल रहा था। उसके परिवार के सात प्राणी मारे गए थे। वह अकेला रह गया था और पागल हो गया था। एक दूसरे परिवार ने उसे साथ ले लिया था। बातें बिल्कुल अनर्गल करता था किंतु किसी को मारता, काटता नहीं था।

प्रवासी दिल्ली तक पहुँच गए। कहीं सरकारी सहायता मिली, कहीं निजी सहायता। दिल्ली पहुँचने के बाद कई नगरों में बिखर गए। बहुत थोड़े ऐसे थे जिनके कोई सगे संबंधी इनका बोझ वहन कर सकें। इन्हें छोड़कर शेष बहुत से नगरों में फैल गए। थोड़े बहुत दिल्ली में भी रह गए।

ख

दिल्ली के एक निवासी थे हकीम बालचंद। इनका नाम दूर-दूर तक था। कई राजे रजवाड़े इनको इलाज के लिए बुलाया करते थे। काफी आमदनी थी। संतान दो ही थीं—एक पुत्र, एक पुत्री। इसलिए किसी बात की तंगी नहीं थी।

मुल्तान के सबसे बड़े रईस थे सेठ दुर्गादास। इनके वैभव के क्या कहने थे। भरा पूरा परिवार था। न जाने कितने व्यापार चलते थे। घर पर 25-30 कारें रहती थीं। एक बार पंजाब के राज्यपाल मुल्तान में इनकी एक मिल का उद्घाटन

करने आए थे। इन्होंने मिल के बाहरी द्वार से उद्‌घाटन भवन तक सारे मार्ग पर मखमल बिछवा दिया था। इनका विचार तो यह था कि रेलवे स्टेशन से मिल तक बिछवा दिया जाए, किंतु इनके कुछ हितैषियों ने रोक दिया।

हकीम बालचंद और सेठ दुर्गादास की दाँत काटी रोटी थी। किसी जमाने में दोनों दिल्ली के एक स्कूल में सहपाठी थे। एक बार हकीम जी मुल्तान गए थे। सेठ जी ने उनका हार्दिक स्वागत किया। एक सेवक इनके लिए नियुक्त कर दिया। जिन बर्तनों में इन्हें खाना खिलाया, सब चाँदी के थे। संध्या समय इनके साथ बँगले के छज्जे पर खड़े हो गए। नीचे कारों की पंक्ति लगी थी। इनसे बोले, "कहो, कौन-सी कार में सैर करने चलोगे।" ये बेचारे देखकर सहम गए। फिर भी एक कार पसंद कर ली।

इस बात को वर्षों बीत गए। एक दिन हकीम जी बाजार में जा रहे थे। सामने पटरी पर एक फोटोग्राफर बाजारू फोटो खींच रहा था। उसने एक फलक पर लिख रखा था : एक रुपये में चार फोटो। उन्हें फोटोग्राफर की सूरत परिचित-सी लगी। हकीम जी आगे बढ़े तो पैर वहाँ के वहीं जम गए। इच्छा हुई कि लौट चलूँ। इतने में आवाज आई कि वाह, हकीम जी, क्या बिना मिले ही लौट जाएँगे?

हकीम—मैंने सोचा कदाचित मेरा आपसे मिलना उचित न हो। किंतु सेठ जी, यह मैं क्या देख रहा हूँ?

सेठ—अजी हकीम जी, वह दिन नहीं रहे तो ये दिन भी नहीं रहेंगे।

हकीम जी सेठ जी को अपने घर ले गए। रास्ते भर बातें करते जाते थे। पता चला कि सेठ जी के परिवार के अधिकतर सदस्य सांप्रदायिक दंगों में मारे गए। केवल उनका लड़का और वे बच रहे थे। दिल्ली पहुँचकर कुछ दिन तो उन्होंने चाट-पकौड़ी का ठेला लगाया। फिर एक दुकानदार ने अपनी दुकान का एक भाग इनको दे दिया। इनको बचपन से फोटो खींचने का शौक था। कुछ उक्त दुकान ने सहायता की, कुछ चाट-पकौड़ी से कमाया था। फोटोग्राफी का सामान ले लिया। लड़का भी इनके काम में हाथ बँटाता था। जायदाद सारी मुल्तान में ही छूट चुकी थी। पता नहीं वह किसके हाथों पड़ी। जो थोड़ा-बहुत रुपया जेब में लेकर चले थे, वह भी समाप्त हो चुका था। किंतु इतना अवश्य था कि अब फोटो खींचने से इतनी आय हो जाती थी कि गुज़ारा हो जाए।

हकीम जी ने सेठ दुर्गादास को एक दुकान दिलवा दी। संयोग से दुकान चलने भी लगी। एक दिन ग्राहक ने कहा, "यह तुमने मेरी कैसी गंदी फोटो खींची है।" लड़का बोला, "जैसी आपकी शक्ल है, वैसी ही तो फोटो आएगी।"

ग्राहक कोई बुजुर्ग थे। बोले, "बेटा बुजुर्गों से ऐसी बात नहीं करते।" इतने में ही सेठ जी दुकान पर पहुँच गए। हकीम जी भी साथ थे। सारी बात सुनकर बेटे से कहा कि बुजुर्ग से क्षमा याचना करो।

जब ग्राहक महोदय चले गए, तो बेटे से बोले, "देखो, याद रखो कि गलती कभी ग्राहक से नहीं होती, सदैव दुकानदार से ही होती है। जब दुकान पर बैठे हो तो संयम से काम लेना होगा।"

हकीम जी ने कहा, "सेठ जी, मैंने मुल्तान में आपका वह रूप देखा है जब आप नाक पर मक्खी नहीं बैठने देते थे।

आपमें इतना परिवर्तन कैसे आ गया।

सेठ जी बोले, "समय सब कुछ करा लेता है, हकीम जी। हमारे पिता जी कहा करते थे–

दुकानदारी नरम की
जमींदारी गरम की
विद्या कर्म की
साहूकारी भरम (भ्रम) की
पत्नी शर्म की
बेटी धर्म की।"

हकीम जी ने सेठ जी से कहा, "आपके विचार कितने परिपक्व हैं।"

सेठ जी ने उत्तर दिया, "कुछ तो स्व. पिताजी की देन है। कुछ समय के थपेड़ों ने परिपक्व बना दिया है।"

ग

सेठ जी अपने पुत्र सहित एक खोली में रहते थे। हकीम जी ने कई बार चाहा कि वे उन्हें अपनी खोली दिखा दें किंतु वह टाल गए। एक बार हकीम जी ज़िद करके उनके साथ खोली तक चले ही गए। उस समय सेठ जी को कितना मानसिक क्लेश हो रहा था, यह समझना हकीम जी के लिए कठिन था।

खोली में एक ओर एक पुरानी खाट बिछी हुई थी। एक अलमारी में भगवान कृष्ण का चित्र रखा हुआ था। चित्र के पीछे एक पीतल की डिबिया रखी थी। डिबिया दिखाने के लिए सेठ जी राजी नहीं थे किंतु हकीम जी ने उठा ही ली। उसमें एक सोने की करधनी रखी हुई थी।

सेठ जी ने बताया कि यह करधनी इनकी पारिवारिक धरोहर है। इनकी पत्नी की हार्दिक अभिलाषा थी कि यह करधनी उनकी पतोहू पर चढ़ाई जाय किंतु वह बेचारी उक्त अभिलाषा को पूरा कर ही न पाई। इनके घर में लाखों का गहना था। केवल यह करधनी ही मुल्तान से भगदड़ में ला पाए थे।

सेठ जी ने अंत में कहा कि अब कौन संभ्रांत व्यक्ति मुझ फटेहाल के घर

में अपनी लड़की देगा?

हकीम जी थोड़ी देर के लिए सोच में पड़ गए। फिर उठे और एक ताँगे वाले को बुलाया। उसमें उक्त खोली का सारा असबाब रखने लगे। सेठ जी ने बहुत प्रतिवाद किया कि हकीम जी, यह आप क्या कर रहे हैं? किंतु हकीम जी ने उनकी एक न सुनी। सारा असबाब लेकर अपने घर पहुँचे। उसको एक कमरे में रखवा दिया। सेठ जी का पुत्र सुंदर और स्वस्थ था किंतु परिस्थितियों ने उसके मुखड़े की कांति को ढँक रखा था। हकीम जी की कन्या अत्यंत रूपवती थी। हकीम जी ने उसे बुलाया और सेठ जी से कहा कि आपकी करधनी पर इस लड़की का अधिकार है। सेठ जी की आँखों में आँसू छलछला आए। बोले, ''आपका यह उपकार कभी न भूलूँगा। भला कहाँ आप, कहाँ मैं।''

हकीम जी ने कहा, ''दुर्गादास जी, मैं आपका आज भी उतना ही सम्मान करता हूँ जितना तब करता था जब आप मुल्तान के नगर सेठ थे।''

सेठ जी ने करधनी निकाली और लड़की की ओर बढ़ाई। इतने में अंदर से लड़की की माँ निकल आई और बोली, ''अभी नहीं, यह मुँह दिखाई के लिए रख छोड़िए।''

लाल सौदागर

क

लाहौर के एक कोने में पूरनमल पंसारी की दुकान थी। उसकी दुकान पर बच्चे बहुत आया करते थे। वे उससे चूरन माँगा करते थे। पूरन एक हँडिया में चूरन बनाकर रख लेता था और बच्चों को एक-एक चुटकी दे दिया करता था। धीरे-धीरे 'पूरन का चूरन' प्रसिद्ध हो गया।

एक दिन एक बच्चे ने आकर कहा कि पूरन चाचा, मेरे पेट में दर्द है। कोई चूरन दे दो। पूरन ने वही चूरन उठाकर दे दिया। संयोग की बात, बच्चे का पेट का दर्द जाता रहा। उस दिन से पूरन का नाम और उजागर हो गया। अब उसने कई प्रकार के चूरन रखने शुरू कर दिए। उसमें थोड़ा-सा लौंग का तेल डाल दिया। वह दाँत के दर्द का चूरन बन गया। उसी चूरन में बुखार की अंग्रेजी दवा 'क्रोसिन' पीसकर मिला दी। वह ज्वर का चूरन बन गया। जरा-सी अमृतधारा मिला दी तो पेट के दर्द का विशेष चूरन बन गया।

अब पूरन थोड़ी बहुत वैद्यक भी करने लगा। उसका वैद्यक का ज्ञान तो बस नाम मात्र का ही था, किंतु थोड़े से नुस्ख़े रटे हुए थे। उन्हीं के बूते पर वह अपना कारोबार चलाता था और ईश्वर की ऐसी कृपा थी कि उसके अधिकतर रोगी अच्छे हो जाते थे।

एक दिन इनका एक पुराना रोगी ध्यानचंद दिखाई पड़ा। उससे पूछा, "कहो, ध्यानचंद, पहले तो तुम कभी-कभी शक्ल दिखा जाते थे। इधर बहुत दिन बाद दिखाई पड़े हो।"

ध्यानचंद बोला, "पूरनजी, मुझे एक बार मलेरिया हुआ। उसमें आपने मुझे पूरियाँ खिलाईं। दुबारा बीमार पड़ा तो आपने खिचड़ी खिलाई, तीसरी बार की बीमारी में आपने मुझे लइया खिलाई। मैंने सोचा कि यदि मैं अबकी बीमार पड़ूँगा तो आप मुझे रेता खिलाएँगे। इसी डर से मैं फिर बीमार ही नहीं पड़ा।"

पूरनजी ने कहा, ''चलो अच्छा हुआ, इसी बहाने बीमारी से तुम्हारा पीछा तो छूट गया।''

ख

समय ने पलटा खाया। भारत का विभाजन हुआ। पूरन के परिवार के अधिकतर सदस्य सांप्रदायिक दंगों में मारे गए। केवल यह अपने पुत्र दिनेश को लेकर भागे। जो थोड़ा-बहुत सामान अपने साथ ला सकते थे, ले आए।

मार्ग में क्या-क्या यातनाएँ झेलनी पड़ीं, यह हम छोड़े देते हैं। कानपुर में पूरनमल के एक ममेरे भाई रहते थे जो इनसे कई वर्ष बड़े थे। उनके घर में पहुँच गए। उन्होंने खुले हृदय से इनका स्वागत किया। अपने घर में एक कमरा दे दिया। वह अच्छे खाते-पीते थे। कोई कमी नहीं थी। पूरनमल रहने लगे और प्रतिदिन कोई रोजगार ढूँढ़ने निकल जाते थे।

एक दिन परमट बाज़ार में एक खिलौने वाला दिखाई पड़ा। दो-दो पैसे का झुनझुना बेच रहा था। यह घूमते-घूमते मूलगंज पहुँच गए। वहाँ भी एक खिलौनेवाला दिखाई दिया। बिल्कुल वैसा ही झुनझुना छह-छह पैसे में बेच रहा था। उससे इन्होंने पूछा कि चार-चार पैसे में ऐसे ही झुनझुने लोगे? वह राजी क्यों न हो जाता। पूरन परमट बाज़ार पहुँचे और उसके सारे झुनझुने खरीद लिए। मूलगंज में जाकर बेच दिए। हर झुनझुने पर दो पैसे बच रहे। इस प्रकार 92 पैसे इनके जेब में आ गए। इन्होंने सोचा, यह अच्छा सौदा है। अब यह प्रतिदिन इसी प्रकार की छोटी-मोटी वस्तुएँ ख़रीदकर बेचने लगे। दिन भर नगर में गश्त लगाते थे। सारे बाज़ारों से परिचित हो गए। जहाँ कहीं पैसे दो पैसे की बचत दिखाई दी, एक बाज़ार से सामान ख़रीदा, दूसरे में बेच दिया और इस ढंग के व्यापार में दस-पाँच रुपये से ही काम चल जाता था और इतना ही इनके पास था भी। स्वास्थ्य अच्छा था। सदैव पैदल चलते थे। अतः सवारी के खर्चे का भी कोई प्रश्न नहीं था। उनकी पण्य वस्तुओं की सूची लंबी थी : सीटियाँ, पपइए, क़लम, पेंसिल, दवात, घुँघरू, पंखियाँ, खिलौने...।

बाज़ार में इनका परिचय बढ़ता जा रहा था। अब इन्हें सौदा उधार भी मिलने लगा किंतु दूसरी ओर कुछ और ही गुल खिल रहा था। इस भागमभाग में पूरनमल दिनेश की शिक्षा की ओर ध्यान ही नहीं दे पाए थे। अतः दिनेश प्रायः निरक्षर ही रहा। दिन भर पिताजी बाहर रहते थे। नतीजा यह हुआ कि बुरी संगत में पड़ गया। जुआरियों में बैठने लगा। नतीजा वही हुआ जो होना था।

एक दिन पूरन किसी गली में से होकर जा रहे थे। कहीं से बुल्कार सुनाई

दी। खड़े होकर सुनने लगे। कुछ लोग बातें कर रहे थे।

एक—यदि जुआ कोई बुरा काम होता तो युधिष्ठिर क्यों जुआ खेलते और वह भी कोई ऐसा वैसा जुआ नहीं। उसमें वे द्रौपदी तक को हार गए। फिर उन्हें धर्मराज क्यों कहते हैं?

दूसरा—यह कौन कहता है कि उन्होंने जीवन में सारे काम अच्छे ही किए थे? उनसे भी ग़लतियाँ हुई जैसे औरों से होती हैं।

तीसरा—मेरी सुनो। किसी ने कहा है :

चोरी बड़ा व्यापार जो इसमें मार न होती।
जुआ बड़ा रोज़गार जो इसमें हार न होती।

इतने में कोई बोला, "क्या सट्टेबाज़ी जुआ नहीं है?"

किसी ने उत्तर दिया अवश्य है। सट्टेबाजों के विषय में तो लोकोक्ति है कि यदि किसी सटोरिए के घर में मुर्दा पड़ा हो तो वह उसे फूँकने बाद को ले जाएगा। पहले कहेगा कि ज़रा बाज़ार भाव देख आऊँ।

इतने में कोई महीन आवाज़ आई। कदाचित किसी बच्चे की थी : यदि जुआ बुरी चीज़ होती तो बैलों के कन्धों पर क्यों डाला जाता?

इतना सुनकर सब लोग हँस पड़े।

जुआरियों में बातें हो ही रही थीं। कौड़ी भी खनक रही थी। इतने में ही बैठक में कोई आगंतुक पहुँच गया। उसने एक जुआरी को संबोधित करके कहा कि "श्यामलाल, ज़रा बाहर चलो।"

जब दोनों बाहर गए तो वह श्यामलाल से बोला, "कल तो तुमने मुझसे क़सम खाकर कहा था कि तुम जुआ खेलते ही नहीं। आज यह क्या कर रहे हो?"

श्यामलाल—मैंने यही तो कहा था कि मैं जुआ नहीं खेलता। यह कब कहा था कि सौ-पचास रुपये से मनोरंजन भी नहीं करता?

आगंतुक—यदि यह जुआ नहीं है तो जुआ किसे कहते हैं?

श्यामलाल—जुआ सौ-पचास रुपये में नहीं होता, दस-पाँच हजार में होता है।

बेचारा मित्र अपना सा मुँह लेकर चला गया। थोड़ी देर में सभा विसर्जित हुई। सब लड़के निकले। उन्हीं में दिनेश भी था। किंतु पूरन ने उस समय उससे कुछ कहना उचित नहीं समझा।

ग

एक दिन पूरन किसी निर्जन गली में जा रहे थे कि पैर में एक कील गड़ गई। उठाकर देखा। बिल्कुल नई कील थी। पास में वैसी ही कई और कीलें दिखाई

पड़ीं। सब उठा लीं। पता चला तो मालूम हुआ कि वह गली एक पेटियों के कारखाने के पिछवाड़े पड़ती है। कारख़ाने में जगह की कमी थी। इसलिए पेटियों के बंद करने और खोलने का काम उस गली में भी होता था। गली बहुत निर्जन थी।

अब पूरन प्रतिदिन उसी गली में जाने लगे। प्रतिदिन दस-बीस कीलें मिल जाती थीं। इसके अतिरिक्त कभी टाट के टुकड़े, कभी लकड़ी के टुकड़े। पूरन ने अपनी सूची में ये वस्तुएँ भी डाल लीं। लोगों ने इनका नाम 'लाल सौदागर' रख दिया।

एक दिन संयोग से कारख़ाने के मालिक उधर से निकल रहे थे। उन्होंने पूरन को देख लिया। वे इन्हें कुछ-कुछ जानते थे। बातचीत होने लगी। पता चला कि सेठ जी का मुख्य काम कपड़े का था। कपड़े की पेटियाँ और गाँठें बाहर भेजा करते थे। पेटियाँ बनाने का कारख़ाना तो साथ में लगा लिया था। पूरन अपने परिश्रम के लिए प्रसिद्ध थे। उन्होंने इनको अपने कारिन्दे के रूप में नियुक्त कर लिया। इनका मुख्य काम था पेटियाँ और गाँठें ठेलों पर लाद कर स्टेशन ले जाना और उन्हें पार्सल करा देना। इस काम से इनकी ख़ासी आय होने लगी। 150 रुपये तो इनका वेतन ही था। कुछ ऊपर से भी मिल जाता था।

जिस दिन यह पहला वेतन लेकर चले, पैर ज़मीन पर नहीं पड़ रहे थे। मार्ग में 10 रुपये का मीठा लिया। सोचा दिनेश का मुँह मीठा करा देंगे। घर में पहुँचे तो दिनेश को न पाया। पड़ोसियों से पता चला कि किसी जुए के अड्डे पर पुलिस ने छापा मारा है, और उसमें दिनेश भी पकड़ा गया है। पैर तले की ज़मीन खिसक गई।

पूरन के ममेरे भाई का नाम मथुरा प्रसाद था। बड़े सम्मानित और प्रभावशाली व्यक्ति थे। उनसे अनुनय-विनय की। उन्होंने प्राथमिक अपराधियों के कानून के अंतर्गत दिनेश को छुड़वा लिया।

परमट के बाज़ार में ही एक लिपिक रहते थे रामप्रसाद। उनके एक साढ़ू उन्नाव में रहते थे। बहुत छोटी नौकरी पर थे। पत्नी और एक पुत्री थी घर पर। संयोग से एक ही दिन में एक ट्रक दुर्घटना में दोनों का स्वर्गवास हो गया। केवल लड़की रह गई। रामप्रसाद को तार द्वारा सूचना मिली तो दौड़े गए। लड़की रामकली को साथ ले आए। इनके कोई संतान थी नहीं। सोचा, इसी बहाने एक संतान मिल गई। किंतु रामकली पूर्ण रूप से विवाह योग्य थी। यदि सुंदर नहीं थी तो बुरी भी नहीं थी। रामप्रसाद के पास क्या रखा था जो उसका विवाह करते?

बैठ-बैठे मथुरा प्रसाद का ध्यान आया। दौड़े हुए इनके पास आए और कहा, "किसी प्रकार रामकली के हाथ पीले करा दो। और आप जानते हैं कि मेरे पास ख़र्च करने को कुछ नहीं है।"

मथुरा प्रसाद को तुरंत दिनेश का ध्यान आया। दिनेश अपढ़ था। रामकली भी नाम मात्र की ही पढ़ी-लिखी थी। मथुरा प्रसाद ने रामप्रसाद से कहा, "तुम पैसे की चिंता मत करो। मैं आर्य समाजी रीति से विवाह करा दूँगा। पैसा धेला कुछ भी ख़र्च नहीं होगा।"

आस-पास के सारे परिवार कट्टर रूढ़िवादी थे। सबने नाक-भौं सिकोड़ी और कहा कि हम ऐसे विवाह में सम्मिलित नहीं होंगे। हमारे परिवार में आज तक इस ढंग से विवाह नहीं हुआ। पूरन और दिनेश दोनों घबरा गए। इनसे आकर कहा कि "ऐसे विवाह से क्या लाभ जिसमें बिरादरी का कोई न आए?"

मथुरा प्रसाद ने कहा, "तुम जरा भी मत घबराओ। ये सबके सब दौड़े चले आएँगे और मान लो कि न भी आए, तो मैं तो आऊँगा ही। तुम इसी से संतोष कर लेना।"

परमट बाज़ार में एक पुराना मंदिर था जिसमें देवी-देवताओं के अतिरिक्त वासुदेव, देवकी की मूर्तियाँ भी थीं। उसे 'देवकी का मंदिर' कहते थे। वहीं पर विवाह होना निश्चित हुआ। विवाह के दिन मंदिर का चौक और छज्जे सब खचाखच भर गए। वैसे चाहे लोग न भी आते, किंतु कुतूहल के कारण सब आए—यह देखने कि आर्य समाजी विवाह कैसा होता है। औपचारिक ख़र्च तो केवल सवा रुपये की सामग्री का हुआ। परंतु रामप्रसाद 10 रुपये के बताशे अपनी ओर से ले आए और सब में बाँट दिए।

अब बिरादरी वाले कहने लगे, ऐसा विवाह फलेगा नहीं। देख लेना। मथुरा प्रसाद ने विवाह से पहले दिनेश से वचन ले लिया था कि अब वह जुआ नहीं खेलेगा। उसने अपना वचन पूर्ण रूप से निभाया। मथुरा प्रसाद ने उसे एक बर्तन के कारखाने में नौकरी दिला दी।

विवाह के एक वर्ष बाद ही रामकली के एक पुत्र हुआ। दिनेश ने आकर मथुरा प्रसाद से कहा, "ताऊजी, मैं तो जीवन भर अपढ़ रहा। अब मेरी यह अभिलाषा है कि मेरा लड़का ऊँची से ऊँची शिक्षा प्राप्त करे और प्रोफ़ेसर हो जाए।"

मथुरा प्रसाद ने कहा, "बेटा धीरज रखो। ईश्वर तुम्हारी यह साध भी पूरी करेगा।"

समय बीतते देर नहीं लगती। आज दिनेश के विवाह को 25 वर्ष होने आ गए हैं। इतने समय दिनेश ने जी तोड़ परिश्रम किया है। उसने हुक्के की निपिल बनाने का अपना कारखाना लगा लिया है। दो मकान ख़रीद लिए हैं जिनमें से एक में स्वयं रहता है। उसके छह संतानें हैं। संपत्ति और संतान दोनों ओर से सुखी है। उसका बड़ा लड़का महेश पढ़ने में बहुत तेज़ निकला। प्रायः प्रति वर्ष कक्षा में प्रथम आता था और छात्रवृत्ति पाता था। दर्शन शास्त्र में एम.ए. और

पी.-एच.डी. भी कर ली है। कई स्थानों पर प्रोफ़ेसर के स्थान के लिए आवेदन किया है। पूरनमल चारपाई से लग गए हैं। उनकी हार्दिक अभिलाषा है कि उनके सामने ही दिनेश की अभिलाषा पूरी हो जाए।

उधर तार आया कि महेश की नियुक्ति प्रोफ़ेसर पद पर आगरे के एक कालिज में हो गई है। इधर पूरनमल के प्राण पखेरू उड़ गए।

आस्तिक की मृत्यु

क

प्रोफ़ेसर रतनलाल कट्टर आर्यसमाजी थे। मुरादाबाद के एक कॉलिज में नियुक्त थे। पढ़ाने-लिखाने में बहुत ही दक्ष। उनके व्याख्यान बहुत प्रसिद्ध थे। वह गणित पढ़ाते-पढ़ाते बीच-बीच में चुटकुले सुनाते जाते थे। इसलिए उनके व्याख्यान बहुत रोचक होते थे। महीने में एक बार अपनी कक्षा में सार्विक वार्ता किया करते थे। विद्यार्थियों से कहते थे कि "कोई-सा विषय बताओ।" लड़कों में से कोई किसी भी विषय का नाम ले देता था और उनकी वार्ता आरंभ हो जाती थी।

उनके व्याख्यानों के विषय विविध थे। लड़के दुनिया का कोई भी विषय चुन लेते थे, और वे बोलने लग जाते थे। यहाँ तक कि एक बार हुक्के पर बोलना पड़ा, एक बार बर्फ़ पर, एक बार भोजन पर। उन्हें बोलने में कोई हिचक नहीं होती थी।

मुरादाबाद में आर्यसमाज की बैठक प्रत्येक रविवार को सवेरे होती थी। प्रोफ़ेसर रतनलाल नियमित रूप से उसमें जाते थे। सब जानते थे कि वे रविवार को सवेरे आर्यसमाज में ही मिलेंगे। कभी-कभी प्रवचन भी करते थे। आर्यसमाज के सिद्धांतों का उनका गहरा अध्ययन था। जब वे प्रवचन करते थे, मालूम होता था कि स्वामी दयानन्द की शिक्षाओं को घोलकर पी गए हैं।

प्रोफ़ेसर रतनलाल को समाज सेवा में विशेष रुचि थी। उन्होंने एक विधवाश्रम खोल रखा था। उसमें सदैव 10-12 विधवाएँ रहती थीं। उनसे कई प्रकार के काम लेते थे : बुनाई, कढ़ाई, सिलाई, पिट्ठी पिसाई आदि। कुछ दुकानदार बाँध रखे थे। रतनलाल उनसे काम लाते थे और विधवाओं में बाँट देते थे। फिर काम कर देने पर स्वयं ही पारिश्रमिक बाँट दिया करते थे। दुकानदारों और विधवाओं सबको उन पर पूरा विश्वास था।

एक विवाह मंडल खोल रखा था। उसमें लड़कों और लड़कियों के उपयुक्त जोड़े मिलाए जाते थे। उनके द्वारा दर्जनों विवाह हो चुके थे। कदाचित ही किसी

में कोई शिकायत की बात हुई हो।

इसके अतिरिक्त यदि कोई विधर्मी हिंदू धर्म में दीक्षित होना चाहता था तो उसके पास दौड़े जाते थे। आर्यसमाज में [illegible] उसकी शुद्धि करा देते थे।

एक दिन रतनलालजी व्यापारिक मुहल्ले में जा रहे थे। इनके मित्र केशोराम मिल गए। इनसे पूछा कि इस मुहल्ले में कोई मकान बिकाऊ है। मेरे एक मित्र को चाहिए।

केशोराम—हाँ, हाँ, यह बगल वाला मकान मेरे समधी का है। यही बिकाऊ है।

रतनलाल—आपके समधी?

केशोराम—हाँ, मेरी भतीजी इनके पुत्र को ब्याही है। उससे तीसरा मकान भी बिकाऊ है।

रतनलाल—वह किसका है?

केशोराम—वह भी मेरे एक समधी का ही है। उनकी बेटी मेरे भांजे से ब्याही है।

रतनलाल—क्या आप लोगों के सारे संबंध आस-पास में ही हो जाते हैं।

केशोराम—सौ में नब्बे सम्बन्ध तो एक ही मुहल्ले में हो जाते हैं।

रतनलाल—क्या इस प्रकार के सम्बन्ध में कोई झगड़ा-टंटा नहीं हो पाता?

केशोराम—झगड़ा-टंटा वहाँ होता है जहाँ कोई माँग होती है। हम लोगों में कभी लड़के वाला कुछ माँगता ही नहीं। जो लड़की वाले ने अपनी इच्छा से दे दिया, वह ले लिया। इतना ही नहीं, हम लोगों में परस्पर बहुत सौहार्द रहता है। एक-दूसरे के दर्द में शरीक रहते हैं। हमारे यहाँ कोई बीमार पड़ा तो उस घर की लड़की ने आकर खाना बना दिया। उधर किसी की तबीयत बिगड़ी तो इधर से किसी लड़की को भेज दिया।

रतनलाल—यों भी कभी-कभी तुम्हारी बहू अपने मैके जाती रहती होगी?

केशोराम—क्यों नहीं, दिन भर रहकर लौटती है। दोनों समय का राशन बच जाता है।

रतनलाल—बलिहारी है यदि साँस लेने में लाभ दिखाई न दे तो तुम लोग साँस लेना भी छोड़ दो।

केशोराम—फिर, परदेस जाने और आने का ख़र्चा भी तो बच रहता है।

बात रतनलाल को जँच गई। सोचने लगे कि हम लोग विवाह में कितना आडम्बर और कितना फ़िज़ूल खर्च करते हैं। कोई उपाय निकालना चाहिए कि यह खर्चा बच जाए।

आर्यसमाजी ढंग के विवाहों में यों भी ख़र्चा कम होता है। केवल एक घंटे में विवाह और एक घंटे में भोज। किंतु रतनलाल को इतने से ही संतोष होने वाला

नहीं था। कई मित्रों से मन्त्रणा की और यह योजना बनाई।

(1) विवाह सदैव रविवार को हो। कोई छुट्टी न लेनी पड़े।

(2) विवाह सदैव दिन में हो। आतिशबाज़ी का ख़र्च भी बच जाए, रोशनी का भी।

(3) यथासाध्य संबंध नगर का नगर में ही हो। रेल, ताँगा, कुली आदि का अधिकांश ख़र्च बच जाए।

ख

समय ने पलटा खाया। भारत का विभाजन हुआ। पाकिस्तान से लाखों शरणार्थी हिंदुस्तान आ गए। दो-दो चार-चार हज़ार हरेक नगर के भाग्य में पड़े। मुरादाबाद में भी चार-पाँच हज़ार आ गए। बहुत से समाज-सेवी शरणार्थियों की सेवा में जुट गए। रतनलाल उन सबमें आगे थे।

पहली समस्या थी सारे शरणार्थियों को अस्थायी रूप से टिकाने की। हरेक नगर के बाहरी भागों में कुछ जीर्ण-शीर्ण मकान खाली पड़े रहते हैं। मुरादाबाद में भी दर्जनों टूटे-फूटे कमरे तो रामगंगा के किनारे ही पड़े हुए थे। जितने शरणार्थी उनमें अँट सकते थे, अँटा दिया। तत्पश्चात् नगर के बाह्यांचल पर विशेषकर धर्मशालाओं पर दृष्टिपात किया। सैकड़ों शरणार्थी वहाँ खप गए। बहुत-सों ने मैदानों में कई रातें काटीं।

अगली समस्या थी उन सबको भोजन देने की। हर मुहल्लों में एक कमेटी बन गई। कमेटी के सदस्यों ने घर-घर घूम कर रोटियाँ इकट्ठी करनी शुरू कर दीं। किसी घर ने 5 रोटी प्रतिदिन देने का वचन दिया, किसी ने 10 रोटी प्रतिदिन। रतनलाल लड़कियों के एक छात्रावास में पहुँच गए और आवाज़ लगाई। सैकड़ों लड़कियाँ निकल आईं। सबसे तुरंत रोटियाँ बनाने का सवाल किया। दर्जनों लड़कियाँ आटा मलने बैठ गईं। घंटे, दो घंटे में ही सैकड़ों रोटियाँ तैयार हो गईं। किसी ने रिक्शा ली, किसी ने घर की कार, किसी ने इक्का। तुरंत रोटियाँ शरणार्थियों तक पहुँचाई गईं।

किंतु यह क्रम बहुत दिन नहीं रहा। पंजाबी लोग बहुत परिश्रमी होते हैं और समय पड़ने पर इनको कोई भी काम करने में संकोच नहीं होता। नगर के सैकड़ों निवासियों ने उनकी सहायता की। किसी शरणार्थी ने ताँगा चलाना शुरू किया। किसी ने ठेले पर चाट बेचनी आरंभ की। कोई मिठाई का खोमचा लगाने लगा। ज्यों ही किसी के पास पर्याप्त जमा हो जाती, वह एक कोठरी किराए पर ले लेता। 4-5 वर्ष में ही सारे शरणार्थी नगर के आर्थिक जीवन में इस प्रकार खप गए कि

पता ही नहीं चला कि कहाँ गए।

शरणार्थियों के बच्चे बड़े हुए और उनके विवाह का प्रश्न भी उपस्थित हुआ। शरणार्थियों में एक थे लाला गेंदामल—ये भी आर्यसमाजी थे और समाजसेवी भी। इन्होंने लाहौर में बहुत अच्छे दिन देखे थे। रतनलाल से इनकी अच्छी पटती थी। इनको रतनलाल ने विवाह संबंधी अपनी योजना बताई। सुनकर इन्होंने कहा कि योजना तो अच्छी है, किंतु हम लोगों के लिए इतना ही काफ़ी नहीं है। हमें तो चाहिए चट मँगनी, पट बयाह।

इन्होंने देर तक परामर्श किया। फिर पता लगाया कि उन दिनों क्या नगर में कोई बारात आने वाली है। अगले दिन ही आने वाली थी। रतनलाल के विवाह मंडल में विवाह-योग्य लड़कों और लड़कियों की सूचियाँ रहती ही थीं। चट सूची लेकर बारात में पहुँच गए। पता लगाया कि बारात में कौन-कौन से लड़के अविवाहित हैं। फिर सूचियों पर विचार किया। उक्त सूचियाँ अब बहुत बढ़ गई थीं क्योंकि अब उनमें शरणार्थियों के बच्चों के नाम भी सम्मिलित कर लिए गए थे। संयोग से एक जोड़ी ठीक बैठती दिखाई दी। लड़के के पिता बारात में मौजूद ही थे। उनके सम्मुख प्रस्ताव रखा कि वे लड़की को देख लें, और यदि पसंद आ जाए तो अगले दिन सवेरे ब्याह कर दिया जाए।

पहले तो पिताजी बहुत बिदके कि इस प्रकार कहीं हथेली पर सरसों जमाई जाती है। किंतु बहुत समझाने पर लड़की देखने को राजी हो गए। लड़की उन्हें पसंद आ गई। तब उनकी समझ में भी आ गया कि तुरंत ब्याह करने में दुबारा बारात लाने के झंझट से बच जाएँगे। खर्चा भी बचेगा। अगले दिन सवेरे 10 बजे विवाह हो गया। एक के बदले दो बहुओं की विदाई हो गई।

अब तो यह परिपाटी ही बन गई। जब कभी नगर के किसी भी कोने में कोई बारात आती, रतनलाल और गेंदामल की जुगल जोड़ी पहुँच जाती। हर बारात में दो-एक नए जोड़े बन जाते।

ग

नगर के कमेटी घर में एक शामियाना लगा हुआ था। प्रो. रतनलाल का अभिनंदन होने वाला था। नगर की जनता उनकी सेवाओं का कुछ पुरस्कार देना चाहती थी। कई व्याख्यान हुए जिनमें उनके गुणों का बखान किया गया। उनमें अत्युक्ति तो थी किंतु फिर भी बहुत कुछ सच्चाई थी। एक प्रशस्तिपत्र भेंट किया गया और 1001 रुपये की थैली। प्रशस्तिपत्र को माथे से लगाया और थैली तुरंत विवाह मंडल को भेंट कर दी।

प्रोफ़ेसर रतनलाल जी बीमार हैं। उनका एक पुत्र था नवीन। उनके पुत्रों में सबसे तेज़ वही था। दिल्ली के एक कालिज में प्रोफ़ेसर नियुक्त था। उसका विषय था भाषा विज्ञान। कई पुस्तकें भी लिखी थीं। अपने विषय में वह अधिकारी माना जाता था। रतनलाल जी की बीमारी का समाचार पाकर मुरादाबाद आया हुआ था। किंतु उसे एक पुनश्चर्या (refresher coure) के 8 महीने के लिए हैदराबाद जाना था। पिताजी की बीमारी के कारण जाने में हिचर-पिचर कर रहा था। रतनलाल जी उसकी कमज़ोरी जानते थे। दैनिक पूजन से उठते समय ईश्वर से प्रार्थना की कि हे ईश्वर, यदि मैंने तेरे बंदों की कुछ भी सेवा की हो तो उसका पुरस्कार मैं केवल इतना चाहता हूँ कि चि. नवीन के हैदराबाद जाने तक का जीवन मुझे दे दे। आज उसके जाने में 28 दिन हैं। इसी ढंग की प्रार्थना वे रोज करने लगे। अगले दिन 27 दिन रह गए। इसी प्रकार एक-एक दिन रोज़ घटता गया। नवीन के जाने का दिन आ गया। उस दिन उनके मुँह से शब्द निकले—बस आज का दिन ही और चाहता हूँ। कल चाहे मुझे उठा लेना।

सन्ध्या की गाड़ी से नवीन को विदा कर दिया। रात के लगभग 2 बजे शौचालय गए। वहाँ से लौटते समय आँगन में धड़ाम से गिर पड़े। आधे शरीर को फ़ालिज मार गया था। उठना असंभव था। तुरंत उन्हें उठाकर अस्पताल ले गए। डॉक्टर लोग तो उपचार किया ही करते हैं किंतु उनके पास रोग का इलाज होता है, मौत का इलाज नहीं होता। 12-13 घंटे तक मौत से लड़ते रहे। अपराह्न साढ़े तीन बजे के लगभग उनका महाप्रयाण हो गया।

पता चला कि उन्होंने कई दिन पहले अपनी पत्नी को मृत्यु का दिन बता दिया था और यह भी कह दिया था कि पहले टाँगों की शक्ति निकलेगी। और सब बातें ठीक निकलीं। केवल मृत्यु के समय में लगभग डेढ़ घंटे का अंतर रहा।

बाहर भीड़ इकट्ठा थी। एक व्यक्ति ने कहा कि देखो! एक आस्तिक की मृत्यु ऐसी होती है।

दूसरे ने कहा कि इसे मृत्यु मत कहो! ऐसे धर्मात्मा कभी मरा नहीं करते।

गंगा देवी

क

कार्तिकी पूर्णिमा का बड़ा महत्त्व है। उस दिन के गंगा स्नान की बड़ी मान्यता है। लोग बड़ी-बड़ी दूर से उस दिन गंगा में स्नान करने पहुँचते हैं। देश भर में जितने नगर गंगा के किनारे बसे हुए हैं, सबमें उस दिन मेला लगता है। जो सड़क मुरादाबाद से दिल्ली जाती है, उसे रास्ते में गंगा काटती है। उसके दिल्ली वाली ओर गढ़ मुक्तेश्वर नामक नगर बसा हुआ है। मुरादाबाद वाले पार्श्व में काँकाढेर की छोटी-सी बस्ती है। कार्तिकी पूर्णिमा पर दोनों ओर मेला लगता है। मुरादाबाद वाले पार्श्व में जो मेला लगता है, उसमें लगभग एक लाख यात्री पहुँचते हैं। इसलिए उसे लक्खी मेला कहते हैं। इसी प्रकार दिल्ली वाले पार्श्व का मेला दुलक्खी कहलाता है।

मुरादाबाद का मेला देखने अधिकतर लोग बैलगाड़ियों में जाते हैं। बैलगाड़ी जाने से एक दिन पहले बुलाई जाती है। सन्ध्या से रात के 12 बजे तक गाड़ी पर सामान लादा जाता है। तत्पश्चात् लोग सो जाते हैं। घर के दो-एक सदस्य बैलगाड़ी पर ही सोते हैं। सवेरे तड़के 4 बजे बैलगाड़ी को हाँक दिया जाता है, इस विचार से कि दिन निकलने तक गाड़ी नगर के बाहर पहुँच जाए।

बैलगाड़ियों का ताँता बँधा रहता है। कभी-कभी तो यह पंक्ति एक किलोमीटर तक नहीं टूटती। बीच-बीच में कोई बैलगाड़ी लाइन तोड़ कर दाहिने हो जाती है, और तेज़ी से आगे जाकर फिर पंक्ति में सम्मिलित हो जाती है। किंतु यदि दो-चार गाड़ियाँ एक ही साथ की हों तो किसी दूसरी गाड़ी को बीच में घुसने नहीं देंगी।

बैलगाड़ियाँ लदालद भरी हुई हैं। एक बैलगाड़ी के नीचे एक पिंजरा टँगा हुआ है। वह हिलता-डुलता जा रहा है। इतने में कहीं से एक बिल्ली पीछे हो ली। उसे देखते ही तोता ज़ोर से टिटियाया। सबका ध्यान उधर ही खिंच गया। गाड़ी को पंक्ति से अलग करके खड़ा कर दिया। बिल्ली को मार कर भगा दिया। गाड़ी

फिर आगे बढ़ी। गाड़ियों की पिछली पंक्ति तो टूट ही चुकी थी। एक पिछली पंक्ति से जुड़ गई।

कठिनाई से एक किलोमीटर आगे गई होगी कि तोता फिर टिटियाया। देखा तो वही बिल्ली फिर पीछा कर रही है।

एक क़िस्सा याद आया। एक मन्दगति रेल जा रही थी। एकदम से गाड़ी रुक गई। पता चला कि एक गाय इंजन के आगे आकर खड़ी हो गई है। गाय को भगाया गया और गाड़ी को आगे बढ़ाया। 5-7 किलोमीटर आगे जाकर गाड़ी फिर खड़ी हो गई। पता चला कि वही गाय फिर गाड़ी के आगे आ गई है।

एक पंक्ति में 11 बैलगाड़ियाँ थीं। अंतिम बैलगाड़ी के चालक को कुछ संदेह हुआ कि गाड़ी एकदम उलार हो गई है। गाड़ी रोकी गई। पीछे जाकर देखा तो भेद खुला। गाड़ी के पिछले भाग से एक रस्सा लटक रहा था। उस रस्से को पकड़कर एक आदमी कुछ दूर तक यों ही सवारी लेता रहा। फिर उसने देखा कि सारे यात्री बेख़बर हैं तो गाड़ी में चढ़ गया। गाड़ी में आगे की तरफ एक कटोरदान रखा हुआ था। उसे खोला तो पूरियाँ और तरकारी रखी हुई थीं। कई पूरियाँ खा गया। जब गाड़ी रोकी गई तो कूदकर भाग गया।

रास्ते में कई पड़ाव पड़ते हैं। जिस गाड़ी को जहाँ रात हो गई, वहीं रोक दी। सवेरे तड़के ही फिर गाड़ी आगे बढ़ा दी। सामान्यतः हर गाड़ी को मार्ग में एक रात तो बितानी ही पड़ती थी।

सारा मेला छोटे-छोटे भागों में बँटा रहता है, जिन्हें संतर कहते हैं। हर तीन-चार संतरों में एक पुलिस चौकी, एक डाकखाना, एक मन्दिर रहता है। मंदिर का डेरा सबसे बड़ा होता है। उसमें सप्ताह भर कथा होती है। भक्तजन जाकर कथा सुनते हैं। अधिकतर ऐसा प्रसंग चुना जाता है जो एक सप्ताह में समाप्त हो जाए।

एक महिला थीं गंगा देवी। नियमित रूप से कथा सुनती थीं। एक दिन रामायण का शबरी प्रसंग चल रहा था। एक श्रोता ने शंका की कि राम ने जूठे बेर किस प्रकार खाए? हम जब बेर खाते हैं तो जूठे फेंक देते हैं। टोकरी में तो नहीं रखते। फिर टोकरी में जूठे बेर कहाँ से आए जी। राम ने खाए।

कथावाचक बोले, "पुराने समय में जूठे का अर्थ यह नहीं था। यदि कोई बेरी का एक बेर खा लेता था तो सारी बेरी जूठी हो जाती थी।" श्रोता का समाधान हो गया। कथावाचक महोदय गाने लगे—

शबरी, काहे करत है बेर, मोको बेर बेर दे बेर।।

दो लड़के एक कोने में बातें कर रहे थे। एक बोला, "भला ऐसा भी अर्थ होता है जूठा का? यह कथावाचक किस काम का?"

दूसरा—यह कोई कथावाचक है? पिछले वर्ष का कथावाचक वास्तव में

दमदार था। दस मिनट के अंदर हम लोग ऊँघने लगते थे। उसे कथा कहते हुए 20 मिनट हो गए हैं। अभी तक मेरी आँखों में नींद का नाम नहीं है।

ख

गंगा देवी मुरादाबाद के गणेश मुहल्ले की रहने वाली थीं। बचपन से ही धर्मरायण थीं। सवेरे रामगंगा जाना तो उनका नित्यकर्म था ही। उनके दैनिक पूजा पाठ में कभी व्यवधान नहीं पड़ता था। नल का पानी कभी नहीं पीती थीं। यात्रा में अपने पीने का पानी सदैव साथ रखती थीं। कभी-कभी पानी चुक जाता तो कई-कई स्टेशन तक प्यासी रह जाती थीं जब कोई ऐसा स्टेशन आता था जिस पर कुआँ हो तो उसमें से खिंचवाकर पानी पीती थीं।

कभी-कभी कुछ बच्चों की पसली की हड्डियाँ सख़्त हो जाती हैं। कहते हैं कि उसकी हँसुली उतर गई है। गंगा देवी दो-चार बार बच्चे के हाथ दाहिने से बाएँ, बाएँ से दाहिने करती थीं और बच्चा चैतन्य हो जाता था। जब किसी बच्चे की आँखें दुखने आती थीं, ये एक विशेष प्रकार का काजल डालती थीं, जो इन्हीं का बनाया हुआ था, और बच्चे की आँखें दो-तीन दिन में बिल्कुल ठीक हो जाती थीं।

बहुत से लोग अपने बच्चों का कनछेदन गंगा देवी से ही कराते थे। उसमें बच्चे को बस थोड़ा-सा ही कष्ट होता था। वर्षों से वे जले की दवा बाँटती थीं। कोई कैसा ही जला हो, उनकी दवा मलने से ठीक हो जाता था और दवा कौड़ियों की थी। वे उसका नुस्खा किसी को नहीं बताती थीं।

किंतु एक बार एक व्यक्ति का सारा शरीर जल गया था। उसका कोई सगा आया और कहा कि उसके लिए ढेरों दवा चाहिए। गंगा देवी जी ने कहा कि इतनी दवा तो तैयार नहीं है। मैं तुम्हें नुस्ख़ा लिखे देती हूँ। दवा बाज़ार से ला दो। फिर उसे बनाकर मैं तैयार कर दूँगी।

एक बाल्टी भर दवा तैयार हुई। उस व्यक्ति के शरीर पर लगाई गई। एक ही लेप में बहुत कुछ लाभ हो गया। दो दिन बाद उतनी ही दवा फिर तैयार करके लगाई गई। जले का नाम निशान भी उसके शरीर पर नहीं बचा।

उस रोगी को फिर उन्हीं डॉक्टरों को दिखाया गया जिन्होंने घोषित कर दिया था कि यह बच ही नहीं सकता। डॉक्टर लोग दाँतों तले उँगली दबाकर रह गए। इसके अतिरिक्त मोतियाबिन्द का सुर्मा बनाती थीं जिससे हज़ारों व्यक्तियों को लाभ पहुँच चुका था। उस सुर्मे को बनाने में छूटे हुए कारतूसों का प्रयोग होता था। कुछ गाँव वाले बँधे हुए थे। वे जंगलों में जाकर खोजते रहते थे। उन्हें पता रहता

था कि किस-किस जंगल में शिकारी जाते हैं। वहाँ से ढूँढ़ कर लाते थे और बदले में थोड़ा-बहुत पारिश्रमिक भी पा जाते थे।

पहले साँप के काटे की दवा भी रखती थीं और उससे कई लोगों की जान भी बचाई थी। किंतु इनके कथनानुसार उस प्रक्रिया के लिए कई मन्त्र जगाने पड़ते थे और अब ये इतना परिश्रम कर नहीं पाती थीं। इसलिए वह काम उन्होंने छोड़ दिया था।

गणेश मुहल्ले की ही एक अन्य वृद्धा थीं रुक्मिणी जी। वे नित्य गीता का पाठ किया करती थीं। एक बार उनके घर चोर आए किंतु बिना कुछ चोरी किए लौट गए। गंगा देवी उनके घर गईं। उन्होंने हाल सुनाया कि "रोज़ की भाँति मैं रात को गीता-पाठ करके सोने गई। संयोग से गीता को बंद करना भूल गई। गीता खुली की खुली रह गई। चोर आए। खुली हुई गीता में कृष्णजी बैठे थे। इसलिए चोर भयभीत होकर लौट गए।"

गंगा देवी बहुत धर्मभीरु थीं। किंतु यह बात इनके गले में भी न बैठी कि खुली हुई गीता के कारण चोर भाग गए। यदि गीता बंद कर दी होती तो चोर भागे न होते।

एक बार गंगा देवी ने व्रत लिया कि एक वर्ष तक गंगा जल के अतिरिक्त किसी जल का प्रयोग नहीं करेंगी। हर सप्ताह इनका एक आदमी गढ़ मुक्तेश्वर जाकर एक कलसा जल भर लाता था।

कुछ दिन बाद इन्हें पता चला कि भक्तिनों की एक टोली तीर्थाटन के लिए रामेश्वरम् जा रही है। यह भी साथ हो लीं। रामेश्वरम् तक पहुँचने में तो कोई कठिनाई नहीं हुई किंतु वहाँ जाकर इनका गंगाजल का भंडार समाप्त हो गया। तुरंत मुरादाबाद तार भेजा कि गंगाजल भेजो। इनका पोता दीपक गढ़ मुक्तेश्वर गया। वहाँ से एक कलसा गंगाजल लेकर दिल्ली गया। दिल्ली से वायुयान पकड़ा और बंगलौर पहुँचा। वहाँ से रेल में चला। जब रामेश्वरम् पहुँचा, ये तीन दिन से प्यासी बैठी हुई थीं। एक बूँद पानी नहीं पिया था।

जब दीपक इनको लेकर वापस मुरादाबाद पहुँचा, सबने यात्रा का वृत्तांत माँगा। दीपक ने इस प्रकार सुनाया।

कुछ लोगों ने हमें बताया कि मद्रास से लगभग 20 कि.मी. दूर एक स्थान है महाबलेश्वर। वहाँ पर दोपहर के 12 बजे एक भक्त प्रसाद (पूरी, तरकारी) लेकर पहुँचता है। दो शिकरे उड़ते हुए आते हैं और प्रसाद पाते हैं। ये शिकरे पिछले किसी जन्म के ऋषि हैं। जन्म-जन्मान्तर से यही दोनों ऋषि आते हैं, और प्रसाद का भोग लगाते हैं। फिर वह भोग उपस्थित भक्तों में बाँटा जाता है।

दादी जी की बड़ी इच्छा थी कि उन ऋषियों के दर्शन करें। हम मद्रास से महाबलेश्वर गए। वहाँ एक टीले पर ही दर्शन होते थे। उस स्थान को पक्षी तीर्थ

कहते हैं। टीले पर चढ़ने के लिए सीढ़ियाँ बनी हुई थीं। कितनी सीढ़ियाँ थीं, यह तो याद नहीं है। संभव है सौ रही हों। हम लोग अधबीच में ही थे कि वह भक्त मिला वो प्रसाद ले जाता है। कंधे पर कलस रखे हुए था। कुछ मिनट में हम लोग टीले की चोटी पर पहुँच गए। वहाँ पहुँचकर उसने एक चटाई बिछा दी। उस पर थोड़ी पूरियाँ और एक सकोरे में तरकारी रख दी। फिर हम सबसे कहा कि थोड़ा-थोड़ा पीछे हट जाओ। हम लोग हट गए। 5-7 मिनट के बाद एक दिशा में से दो शिकरे आते हुए दिखाई दिए। टीले पर पहुँचकर पहले तो बैठ गए। फिर थोड़ा-थोड़ा झिझककर आगे बढ़े और पूरी तरकारी का भोग लगाया। थोड़ा-सा खाकर उधर ही लौट गए जिधर से आए थे।

हमें तो तनिक भी विश्वास नहीं हुआ कि ये शिकरे वास्तव में वे ही हैं जो कई सौ वर्ष से आ रहे हैं। न इस बात पर यक़ीन आया कि ये किसी जन्म के ऋषि हैं। यदि किसी भी पक्षी को प्रतिदिन एक ही समय पर, एक ही स्थान पर भोजन दिया जाए तो वह प्रतिदिन आकर उसी समय भोजन की आशा करेगा।

जब बंदरों को कई दिन तक चने खिलाए जाते हैं तो वे मनुष्य के हाथ से उठाकर खाने लगते हैं, इतने सध जाते हैं। और जब कोई शिकरा बुड्ढा हो जाएगा तो उसका बच्चा भी उसके साथ जाने लगेगा। जब बुड्ढा मर जाएगा तो बच्चा उसका स्थान ले लेगा। यह परिपाटी पीढ़ी-दर-पीढ़ी चलती चली जाएगी। इसके अतिरिक्त, ऋषियों की बात तो बिल्कुल निराधार है।

गंगा देवी का स्वास्थ्य गिर गया है। अवस्था 82 के पार है। यों देखने में कोई कष्ट नहीं है। चलती-फिरती हैं, खाती-पीती हैं। किंतु टाँगों में दर्द रहता है। इस कारण न बहुत देर बैठ पाती हैं, न लेट पाती हैं। रात को कई बार उठ-उठ कर, लाठी के सहारे, चलती रहती हैं। जब कोई बहू उठकर कहती है कि लाओ, टाँगें दाब दूँ। तो कहती हैं कि मुझे तो नींद नहीं आती। तुम क्यों मेरे कारण जागती हो। अपने शरीर के लिए किसी को भी कष्ट नहीं देना चाहती थीं।

गंगा देवी ने इसी प्रकार आठ दिन बिताए। उन्हें पता चल गया था कि अमुक दिन हमारा चोला छूटेगा। उस दिन सन्ध्या का समय था। दीपक से कहा कि सबको बुला लाओ। पोते, पोतियाँ, बहुएँ, पोत बहुएँ सब जमा हो गईं। फिर सबसे हाथ जोड़कर कहा कि अब मैं जाती हूँ। मुझे हँसी-खुशी विदा करो।

तुरंत इशारा किया कि 'मुझे ज़मीन पर ले लो।' उन्हें उतारकर ज़मीन पर लिटा दिया गया। कठिनाई से एक या दो साँस और आए, और पंछी उड़ गया।

पूरब और पश्चिम

क

तीन हिंदुस्तानी रेल में यात्रा कर रहे हैं : दो एक साथ हैं, तीसरा बिल्कुल अजनबी। कुछ इस प्रकार की बातचीत होगी।

एक—आप कौन भाई हैं?

दो—बजरबट्टू वैश्य।

एक—शुभ नाम?

दो—पेलाराम।

एक—पिताजी का नाम?

दो—ठेलाराम।

एक—आपके पितामह जी?

नं. दो कुछ सोचने लगा। उसका साथी नं. तीन बोला : धकेलाराम।

एक—कहाँ रहते हैं?

दो—बनारस की संकुलधारा गली में।

एक—अहा हा। उसी गली में तो हमारे संबंधी रहते हैं। क्या नाम है उनका? हाँ, याद आया, मुंशी नवल किशोर।

तीन—वही नवल किशोर, जिनकी भैंसें चोरी गई थीं। पुलिस ने बड़ी कठिनाई से खोज निकालीं।

एक—शायद वही।

दो—आपका उनसे क्या संबंध हैं?

एक—मेरी बुआ की ममेरी बहन के दामाद का भतीजा उन्हीं के परिवार में ब्याहा है। लड़की का नाम कदाचित् अंजलि है।

इस प्रकार तीनों में घनिष्ठता हो जाएगी। संभव है एक-दूसरे का पता भी पूछ लें ताकि पत्राचार का क्रम स्थापित हो सके।

अब मान लीजिए तीन अँग्रेज रेल में यात्रा कर रहे हैं। उनमें से एक अपना

समाचार-पत्र पढ़ने लगेगा, दूसरा अपनी पुस्तक, तीसरा बैठे खुर्राटे लेने लगेगा।

अँग्रेज बहुत औपचारिक होते हैं। यह बिल्कुल सामान्य बात है कि दो पड़ोसियों में हफ्तों बात न हो। यदि कभी सड़क पर मिल गए तो अभिवादन हो गया, अन्यथा वह भी नहीं।

एक बार दो अँग्रेज जल मार्ग से लंदन से अमेरिका जा रहे थे। डेक पर अपनी-अपनी आराम कुर्सी पर बैठे हुए थे। दोनों अपनी-अपनी पुस्तक पढ़ रहे थे। कई घंटे बीत गए। उनमें से एक को झपकी आ गई। उसके हाथों से किताब छूटकर नीचे गिर पड़ी। दूसरे ने उठाकर उसे दे दी। तब उनमें यह वार्तालाप हुआ।

धन्यवाद।

पार जा रहे हो?

हाँ।

मैं भी।

फिर दोनों अपनी-अपनी पुस्तक पढ़ने लगे।

एक बार समाचार-पत्रों में एक व्यंग्य छपा था। कुछ लोग नाव पर यात्रा कर रहे थे। इतने में ही नाव के पास ही एक आदमी डूबने लगा और चिल्लाया—बचाओ, बचाओ।

एक यात्री दूसरे से बोला—तुम तो अच्छे तैराक हो। कूदकर इसे बचा लो।

वह बोला—कैसे बचा लूँ? मेरा उसका परिचय तो है ही नहीं।

हम भारतवासी सामाजिक प्राणी हैं। हमारा एक दूसरे के घर केवल शिष्टाचार निभाने के लिए जाना एक सामान्य बात है किंतु अमेरिका में यदि आप किसी के घर जाना चाहते हैं तो पहले फोन पर पूछ लीजिए कि वह ख़ाली है या नहीं। यदि वह बताए कि किस समय ख़ाली होगा तो निश्चित समय पर पहुँच जाइए। अन्यथा नहीं।

एक महिला ने देखा कि पड़ोसी की अटारी में आग लग गई है। उसने अपनी कार निकाली। अपने फाटक से बाहर निकलकर पड़ोसी के फाटक में घुसी। उसके दरवाज़े पर जाकर घंटी बजाई। जब पड़ोसिन निकलकर आई तो यह बोली—क्षमा करें, श्रीमती.....

पड़ोसिन—विल्किंसन।

पहली—क्षमा करें, श्रीमती विल्किंसन! मैं केवल यह कहने आई थी कि आपकी अटारी में आग लग गई है।

हिंदुस्तानी होता तो अपने घर से ही चिल्लाता कि मोघेराम जी, आपकी अटारी में आग लग गई है।

अमेरिकन बात पीछे करेगा पहले अपनी कार निकालेगा। एक कहावत है कि यदि किसी अमेरिका की गली की नुक्कड़ तक भी जाना होगा तो वह अपनी कार

निकालेगा।

एक बार मैं अमेरिका में व्याख्यान दे रहा था। मैंने उपरिलिखित कहावत सुनाई और कहा कि मैं इस कहावत को नया रूप देना चाहता हूँ : यदि कोई अमेरिकन अपने मकान की छत पर जाना चाहेगा तो अपनी कार निकालेगा।

ख

जब मैं अमेरिका से लौटने लगा तो कई संस्थाओं ने मुझे व्याख्यान देने के लिए बुलाया। एक व्याख्यान का विषय था, 'हिंदुस्तान में स्त्री-वर्ग की प्रतिष्ठा।' व्याख्यान के अंत में बहुत से प्रश्नोत्तर हुए।

प्रश्न—सुनते हैं कि हिंदुस्तान में स्त्रियों का कोई सम्मान नहीं है। ऐसा क्यों?

उत्तर—हिंदुस्तान में दिखावे का सम्मान नहीं है, हार्दिक सम्मान है। आपके यहाँ दिखावे का सम्मान है। जब कोई स्त्री किसी कार से उतरेगी, पहले उसका पति उतरकर दरवाज़ा खोल देगा। कहीं पर स्त्री को कोट पहनाना होगा तो मर्द पहनाएगा। व्याख्यान शुरू करते समय वक्ता कहेगा 'महिलाओ और सज्जनो।' किंतु यदि पति बीमार पड़ेगा तो उसे अस्पताल में डाल दिया जाएगा। यदि पति की तबीयत खराब होगी तो भी पत्नी अपने क्लब में जाना न छोड़ेगी। किंतु हिंदुस्तानी पत्नी रुग्ण पति को छोड़कर कहीं नहीं जाएगी। पति की सेवा में अपने जीवन का उत्सर्ग कर देगी।

हिंदुस्तान में घर की थैली गृहिणी के पास रहती है। इसीलिए उसे गृहलक्ष्मी कहा जाता है।

एक बार मैं एक अमेरिकी गृहिणी के घर पर बैठा हुआ था। बातों-बातों में उसने कहा, ''मेरे पास कार नहीं है, इसलिए घर से कम निकलती हूँ।''

मैंने पूछा, ''जो कार घर के सामने खड़ी है, यह किसकी है?''

वह बोली, ''यह मेरे पति की कार है।''

इस ढंग का उत्तर कोई हिंदुस्तानी स्त्री कभी नहीं दे सकती। हमारे समाज में पति और पत्नी के व्यक्तित्व का एक-दूसरे में ऐसा आत्मसात हो जाता है कि एक का अस्तित्व ही दूसरे के बिना अधूरा माना जाता है। जो वस्तु पति की है, वह पत्नी की है जो वस्तु पत्नी की है, वह पति की है। कोई भेदभाव हो ही नहीं सकता।

प्रश्न—क्या कारण है कि हिंदुस्तानी घरानों में महत्त्वपूर्ण विषयों पर स्त्रियों की राय नहीं ली जाती? उनकी एक प्रकार से उपेक्षा की जाती है?

उत्तर—भारत के इतिहास में कई सौ वर्ष बीते हैं जिनमें स्त्री शिक्षा नगण्य

थी। इसलिए उनसे परामर्श नहीं लिया जाता था, जैसे यदि आपका कोई भाई अपढ़ हो तो बहुत-सी बातों में उससे सलाह नहीं ली जाएगी। किंतु अब फिर स्त्री शिक्षा बढ़ती जा रही है, और किसी भी घर में कोई काम बिना स्त्रियों की सलाह के नहीं होता।

प्रश्नोत्तर के बाद कई श्रोताओं ने आकर कहा कि आपने हमारी आँखें खोल दी हैं। हमारे मस्तिष्क में तो हिंदुस्तानी स्त्रियों के जीवन का चित्र ही कुछ और था।

ग

अमेरिकी सभ्यता में उच्छृंखलता है, यह हम मान सकते हैं किंतु उसके भी जो वृत्तांत हम सुनते हैं, उनमें अत्युक्ति होती है। जब लड़के लड़कियाँ जवान होते हैं, स्वाभाविक है कि एक दूसरे की ओर आकृष्ट हों। वहाँ एक दूसरे से मिलने के संयोग बहुत अधिक होते हैं। वहाँ लड़कियों के घूमने, फिरने पर ऐसे प्रतिबन्ध नहीं होते जैसे इस देश में। इसीलिए इन लोगों की मित्रता सिनेमा में, नृत्यशाला में, फार्म में, होती है। वही फिर प्रेमाचार में परिणत हो जाती है।

वहाँ एक प्रोफ़ेसर मिले। उन्होंने कहा कि ऐसा मत समझो कि हम लोग इस उच्छृंखलता से खुश होते हैं। हम जो थोड़े कट्टर विचारों के हैं, इस उच्छृंखलता को पसंद नहीं करते, केवल सहन कर लेते हैं। जिस बरामदे में हम लोग चल रहे थे, उसी में एक जवान लड़का और लड़की लगभग आलिंगन की स्थिति में खड़े थे। मैंने पूछा कि आपको यह सहनीय है कि कालिज के बरामदे में लड़के और लड़की इस प्रकार सट कर खड़े हों? उन्होंने उत्तर दिया, बिल्कुल नहीं, किंतु अब बात इतनी आगे बढ़ चुकी है कि पीछे लौटना संभव नहीं है। करें क्या?

Dating का अर्थ है तिथि-निर्धारण किंतु लड़के-लड़की के प्रसंग में इसका विशेष अर्थ है। जब लड़के-लड़की आपस में निश्चय करते हैं कि अगली बार किस दिन, किस समय, कहाँ पर मिलेंगे तो उसे डेटिंग कहते हैं।

मैं आक्सफोर्ड के एक कालिज में नियुक्त था। उसी कालिज में एक अन्य प्रोफ़ेसर थे रिचर्ड–ये हिंदुस्तानी ईसाई थे। इनकी एक लड़की थी मरिया जो अद्वितीय सुंदरी थी। अब वह जवान हो चली थी। कालिज के दर्जनों लड़के उसके पीछे-पीछे घूमते थे।

उसकी माँ हिंदुस्तानी वातावरण में पली थी। ये लोग धर्म परिवर्तन करके ईसाई हुए थे। हिंदू संस्कृति अभी एक इनका पल्ला पकड़े हुए थी। लड़की की माँ कई बार हमारे आगे बैठकर रोई थी। कहती थी कि अब लड़की जवान हो गई है।

थोड़े ही दिनों में उसकी डेटिंग आरंभ हो जाएगी। फिर कुछ करते धरते नहीं बनेगा। मैं चाहती हूँ कि उससे पहले ही इसको किसी उच्च कुल के हिंदू लड़के के पल्ले बाँध दूँ।

मैंने उसें पूरा आश्वासन दिया कि मैं भरसक प्रयत्न करके इसकी मँगनी करा दूँगा।

इतने में ही मरिया आ गई। वास्तव में अपूर्व सुंदरी थी। सौ, दो सौ सुंदरियों में अकेली जँचे, ऐसी थी। उस पर आँखें नहीं ठहरती थीं। आते ही माँ से बोली कि मेरे क्लब वाले आज रात को 'ख़जाना' खेल खेल रहे हैं। मैं भी जाऊँगी। इतना सुनते ही माँ तड़प उठी। बोली कि टाँगें तोड़ दूँगी यदि 'ख़जाना' खेल का नाम भी लिया।

'ख़जाना' खेल में 5-7 जोड़े बनाए जाते हैं। फिर नगर में 5-7 अड्डे बनाए जाते हैं। जोड़ों में लड़का, लड़की एक-दूसरे के लिए अपरिचित से होते हैं। रात के 10 बजे के लगभग यह खेल आरंभ होता है। हरेक जोड़ा बारी-बारी से प्रत्येक अड्डे पर जाकर 'पास' लेता है। जोड़े चाहे जिस क्रम में अड्डों पर जाएँ, किंतु सबको सवेरे तक 'ख़ज़ाने' पर लौट आना पड़ता है। अर्थात् उस स्थान पर जहाँ से चले थे। जो जोड़ा सबसे पहले लौट आए, उसकी जीत होती है। जोड़े स्वेच्छा से बनाए जाते हैं। युवा के साथ कोई प्रौढ़ा भी हो सकती है। युवती के साथ कोई मध्य वयस्क भी हो सकता है। जो जोड़ा सारी रात एक साथ रहे, वह जितनी चाहे उच्छृंखलता बरते, कोई पूछने वाला नहीं है। ऐसा खेल हमारी हिंदुस्तानी सभ्यता के बिल्कुल प्रतिकूल पड़ता है।

घ

मेरे विद्यार्थियों में एक छात्र था हरीराम। हिंदुस्तान से पी-एच.डी. करने आया था। कुछ महीने में ही अपना शोध प्रबंध तैयार करने वाला था। मुझे उसका ध्यान आया। उसे बुलाकर मरिया वाला प्रस्ताव उसके सामने रखा। उसने छूटते ही कहा कि मेरी तो मँगनी हो चुकी है। हिंदुस्तान में मेरी मँगेतर सुलक्षणा है जो एम.ए. पास है। एक कालिज में लेक्चरर है। उसी ने मुझे पढ़ाया है। हर महीने मुझे पैसा भेजती है। मैं उसके प्रति कृतघ्न नहीं हो सकता। अब मैं उससे कैसे संबंध तोड़ दूँ?

मैंने कहा, "मैं तुम्हारी कर्तव्य परायणता समझता हूँ, किंतु यहाँ प्रश्न एक हिंदुस्तानी लड़की के जीवन-उद्धार का है। तुम इस पुण्य कार्य के लिए अपने प्रेम की बलि दे सकते हो।"

वह किसी तरह राजी नहीं था। मैंने मरिया और उसकी माँ को बुला भेजा। मरिया को देखते ही हरीराम स्तंभित रह गया। सारा हाल सुनकर मरिया की माँ हरीराम के पैरों पर गिर पड़ी और कहा, ''जितना पैसा तुम्हें सुलक्षणा ने भेजा है, मैं देती हूँ। मेरे पास पैसे की कोई कमी नहीं है। किसी प्रकार मेरी लड़की का उद्धार कर दो।''

बड़ी कठिनाई से हरीराम राजी हुआ, वह भी इस शर्त पर कि जो छह सौ रुपये डालर उस पर सुलक्षणा के निकलते हैं, वह उसे तुरंत भेजे जायँ, और मरिया हिंदू धर्म स्वीकार करे। मरिया और उसकी माँ दोनों हिंदू धर्म की भक्त थीं। दोनों ने शर्तें स्वीकार कर लीं।

अगले दिन हरीराम ने छह सौ रुपये डालर का चेक सुलक्षणा के पास भेजा। साथ में एक पंक्ति का पत्र था, ''अब यह पत्राचार बंद हो जाना चाहिए।''

दो सप्ताह बाद मरिया ने हिंदू धर्म में दीक्षा ले ली। उसका नाम मृदुला रख दिया गया। कुछ दिन बाद हरीराम पी-एच.डी. हो गया। संयोग से उसे कुछ दिन बाद ही कैंब्रिज के एक कॉलिज में लेक्चरर का स्थान प्राप्त हो गया। वह वहीं बस गया।

पतंगबाज़ी का शौक़

क

श्यामलाल को घर पर सब लोग श्यामा पुकारते थे। बचपन से ही उसे पढ़ने में कोई रुचि नहीं थी। बड़ी कठिनाई से उसे खदेड़कर स्कूल भेजा जाता था। जहाँ स्कूल की गाड़ी की घंटी बजी कि वह कोठरी में छिप जाता था। बड़े प्रलोभन दिए जाते थे : केले के, टॉफ़ी के, बिस्कुट के। तब कहीं कोठरी में से निकलता था।

श्यामा के पिताजी के पहले विवाह से कोई संतान नहीं हुई थी। उसके पिता ने दूसरा विवाह कर लिया था। मरने से पहले उसने अपने पति से यह वचन ले लिया था कि उसकी स्मृति में बच्चों के किसी स्कूल में एक झूला और एक 'फिसलन' बनवा देंगे। उन्होंने अपना वचन निभाया। फिसलन के एक ओर सीढ़ियाँ बनी हुई थीं। उस पर चढ़ कर दूसरी ओर से बच्चे फिसलते थे। इसके अतिरिक्त एक फव्वारा भी बनवा दिया था। उक्त स्मारक का नाम मरने वाली के नाम पर 'गंगोत्री विहार' रखा गया था।

श्यामा किसी प्रकार स्कूल जाने तो लगा, किंतु यह कोई देखने नहीं जाता था कि वह स्कूल में क्या करता है। सन्ध्या समय जब उसकी माँ पूछती कि आज स्कूल में क्या-क्या किया? तो कहता कि "एक केला खाया, दो बिस्कुट खाए, दो टॉफ़ी खाईं।" पढ़ने-लिखने का कोई जिक्र नहीं रहता था।

साल भर बाद, जब वार्षिक परीक्षाफल का समय आया तो माता-पिता स्कूल पहुँचे। श्यामा की शिक्षिका से उसका परीक्षाफल पूछा गया। श्यामा को उनके सम्मुख किया गया तो वे बोलीं, "हैं क्या यह लड़का मेरी कक्षा में है? मैं तो अब पहली बार इसकी शक्ल देख रही हूँ।" पता चला कि श्यामा दिन भर झूले और फिसलन का आनंद लेता रहता था। कभी कक्षा में जाता ही नहीं था।

श्यामा को टॉफ़ी का बहुत शौक़ था। उसी दिन उसकी माता ने अपना निर्णय सुना दिया कि जिस दिन तुम स्कूल में पढ़ोगे उसी दिन सन्ध्या को टॉफ़ी मिलेगी।

अगले दिन से नियम बन गया। जिस दिन श्यामा स्कूल में पढ़ता था, लौटकर

घर के फाटक से ही आवाज़ लगाता था कि अम्माँ, आज मैंने पढ़ा है, टॉफ़ी लाओ। किंतु जिस दिन पढ़ता नहीं था, उस दिन चुपचाप अपने कमरे में लेट जाता था और उसके पढ़ने-लिखने का ढंग भी निराला ही था। तख़्ती या स्लेट पर एक बड़ा 'क' बनाएगा और शिक्षिका से कहेगा कि "बहनजी, अब मैं थक गया।"

कुछ वर्ष बाद श्यामा बड़े स्कूल में प्रविष्ट हुआ। नियमित रूप से कक्षा में बैठने लगा। यों पढ़ने में साधारण था किंतु हाज़िर जवाब। उसकी कक्षा में सप्ताह में एक दिन धार्मिक प्रवचन हुआ करते थे। एक दिन प्रवचन के बाद अध्यापक महोदय ने पूछा कि जो लड़के स्वर्ग जाना चाहते हैं, हाथ उठा दें। श्यामा को छोड़कर सब लड़कों ने हाथ उठा दिए। अध्यापक महोदय ने श्यामा से पूछा, "हैं! तुम स्वर्ग जाना नहीं चाहते?"

श्यामा—जी नहीं।

अध्यापक—क्यों?

श्यामा—क्योंकि ये सारे लड़के वहीं जा रहे हैं।

एक दिन निरीक्षक महोदय कक्षा में आए और कक्षा के लड़कों से यह प्रश्न किया कि यदि ईश्वर तुम्हें छूट दे दे कि जैसी चाहो मशीन बना लो, तो तुम क्या बनाओगे?

सब लड़के बैठे रहे। तो निरीक्षक ने एक लड़के से पूछा, "तुम क्या बनाओगे?" वह बोला, "हमें घर का काम (home work) बहुत करना पड़ता है। मैं एक ऐसा बटन बनाऊँगा कि बस बटन दबा दूँ और घर का काम हो जाए।"

निरीक्षक ने श्यामा से पूछा कि तुम क्या बनाओगे?

श्यामा—मैं ऐसी मशीन बनाऊँगा जो उक्त बटन को दबा दिया करे।

एक बार श्यामा की एक लड़के से कहासुनी हो गई। उसने प्रधानाध्यापक महोदय से शिकायत कर दी। प्रधानाध्यापक महोदय ने इसको बुलाकर पूछा क्या तुमने इस लड़के को पाजी, दुष्ट और नालायक कहा?

श्यामा—मैंने केवल पाजी और दुष्ट कहा था, नालायक कभी नहीं कहा।

इतना कहकर यह चुप हो गया। प्रधानाध्यापक जी बोले—कहो, और कुछ कहना है?

श्यामा—जी नहीं, मुझे अपनी जुबान पर बहुत क़ाबू है।

ख

श्यामलाल पढ़ने-लिखने में बहुत तेज़ नहीं थे, किंतु बिल्कुल गोबर गणेश भी नहीं थे। स्कूल की पढ़ाई समाप्त करके रेलवे के एक विभाग में नियुक्त हो गए। जितनी देर अपने कार्यालय में रहते थे, अपना काम दत्तचित्त होकर करते थे। किंतु घर पर आए तो पतंगबाजी में लग गए। इसका उन्हें बेहद शौक था। अपने लिए पतंगें

स्वयं बनाते थे। कभी कोई पतंग बाज़ार से नहीं खरीदी। इनके हाथ में इतनी सफ़ाई थी कि बाज़ार में लोग देखते ही पहचान लेते थे कि यह पतंग श्यामलाल की बनाई हुई है।

पतंगबाज़ी का मुख्य दिन रक्षा बन्धन का त्यौहार होता था। उस दिन के लिए बड़ी तैयारी होती थी। उस अवसर के लिए श्यामलाल विशेष पतंगें बनाया करते थे। कभी पुछल्लेदार, कभी दुरंगी, कभी चौरंगी, कभी सतरंगी। लोग छतों पर चढ़कर बाट देखा करते थे कि इस बार श्यामलाल का कौन-सा नया शगूफ़ा निकलता है। एक बार रक्षाबंधन के दिन वास्तव में नया शगूफ़ा निकला। श्यामलाल ने एक बड़ा भारी कन्कौआ बनाया था। उसको उड़ाने के लिए एक बहुत मोटी डोर मँगानी पड़ी जिसे 'नख़' कहते हैं। कन्कौआ क्या था, पूरा ज़हाज था। उसे देखकर छतों पर खड़े लड़के तालियाँ पीट रहे थे।

श्यामलाल अपना 'माँझा' भी स्वयं ही बनाते थे। जिस दिन उन्हें माँझा बनाना होता था, सारे घर को मानो डोरी से बाँध दिया जाता था। माँझे में पका हुआ चावल, गेरू और टूटी हुई बोतलों का चूरा पड़ता था। इन उपसाधनों के अनुपात का उन्हें इतना अच्छा ज्ञान था कि नगर भर में इनका माँझा प्रसिद्ध था। कहते थे कि 'मेरे माँझे में तलवार की धार है।' यह माँझा कभी बेचते नहीं थे किंतु कभी इनके मित्र इनसे माँग कर ले जाते थे और माँझा अपनी पतंगों में लगाकर पेंच लड़ाते थे। दस में नौ बार इन्हीं का माँझा दूसरी पतंगों को काट देता था।

यों तो नगर में कई पतंगबाज़ थे, किंतु रामस्वरूप उतने ही नामी थे जितने श्यामलाल। दोनों के अलग-अलग दल बने हुए थे। एक दिन श्यामलाल के घर बैठक जमी हुई थी कि एक मित्र ने पूछा—श्यामलाल जी, सुना है कि पिताजी आपकी पतंगबाजी से बहुत रुष्ट हैं।

श्यामलाल—हाँ, मुझे कई बार फटकार चुके हैं। कहते हैं यह शौक़ अच्छा नहीं है।

मित्र—अरे, इसमें क्या बुराई है? यह तो मर्दों का खेल है। किसी ने कभी स्त्रियों को पतंग उड़ाते देखा है?

एक दूसरा मित्र बोला—हमारे पुरखे पतंगबाजी पर अपनी जान दे दिया करते थे।

एक प्रौढ़ सज्जन बोले—हिंदुस्तान के इतिहास में दो बड़े पतंगबाज़ हुए हैं, अहमद शाह रंगीले और मुहम्मद शाह अब्दाली।

बग़ल में एक लड़का बैठा था। वह बोला कि उनके नाम तो थे : मुहम्मद शाह रंगीले और अहमद शाह अब्दाली।

प्रौढ़ महोदय बोले—तुमसे कई बार कह चुका हूँ कि बुजुर्गों के बीच में टाँग मत अड़ाया करो।

सारे बैठकबाज़ बोले—हाँ, हाँ आप सुनाते जाइए।

तो वे सज्जन बोले—अहमद शाह रंगीले और मुहम्मद शाह अब्दाली सगे भाई थे। आए दिन उनमें पतंगों के पेंच लड़ा करते थे। एक बार उनमें से एक ने दूसरे की पतंग सुत्तल पर से काट दी। बस क्या था। दोनों भाइयों में ठन गई। तलवारें चल गईं। घमासान लड़ाई हुई।

सब बोले बात ही खून ख़च्चर की थी। भला यह भी कोई कायदा है कि पतंग सुत्तल से काट दी जाए?

एक अन्य मित्र बोला—अच्छा, फिर क्या हुआ?

प्रौढ़—दोनों भाइयों ने एक-दूसरे की जान ले ली।

सब बोले—आन इसी को कहते हैं किसी ने यह शंका नहीं की कि उक्त दोनों सज्जन सगे भाई किस हिसाब से थे। न किसी को यह ध्यान आया कि दोनों समकालीन भी थे या नहीं।

एक हाली मवाली बोला—भला, ऐसी बातें कहीं रामस्वरूप के घर पर सुनाई देंगी।

एक अन्य मित्र बोला—आपके घर में तो कई पीढ़ी से पतंगबाज़ी होती चली आई है। सुना है आपके दादाजी बड़े अच्छे पतंगबाज़ थे। उनकी 'मुड्डे की ठोंग' प्रसिद्ध थी। एक दिन किसी से शर्त हो गई। इनके स्पर्धी ने अपनी छत पर चीनी की एक तश्तरी रख दी, और इनसे कहा कि इस तश्तरी पर मुड्डे की ठोंग करके दिखाओ।

दोनों के मकानों के बीच में कई मकानों की दूरी थी, फिर भी इनको तश्तरी साफ़ दिखाई दे रही थी। इन्होंने पतंग उड़ाई। फिर उसे घुमाकर उलटा किया। फिर तेजी से उसे नीचे ले गए और पतंग के मुड्डे से ऐसी चोट मारी कि तश्तरी में छेद हो गया।

सबके मुँह पर वाह वाह थी। कहने लगे—भला, रामस्वरूप क्या खाकर आपसे पेंच लड़ाए?

ग

उधर रामस्वरूप के घर पर दूसरी महफ़िल जमी हुई थी। एक सज्जन कह रहे थे कि श्यामलाल कोई पतंगबाज़ है? उसे तो 'चप' और दुपट्टी के अंतर का भी ज्ञान नहीं है।[1]

---

1. चप ऐसी पतंग होती है जिसमें ऊपर के आधे में एक रंग और नीचे के आधे में दूसरा रंग होता है। दुपट्टी में भी दो भाग होते हैं, किंतु तिरछे बल।

एक बैठकबाज़ बोला—आपके पिताजी के नाना—क्या कहने थे उनकी शख्सियत के। क्या शरीर पाया था। उन्हें पतंगबाज़ी का शौक़ था। उनका माँझा प्रसिद्ध था। एक दिन एक बच्चे ने माँझे को पकड़ लिया था। एक उँगली का कोर कट गया, ढेरों खून निकला।

एक अन्य सज्जन बोले—हाँ, मुझे याद है। एक बार उन्होंने पतंग उड़ाकर डोरी एक मुंडेर से बाँध दी थी। वे स्वयं एक काम से नीचे चले आए। लगभग 2 घंटे बाद लौटे। इस बीच में कई पतंगबाजों ने उसे काटना चाहा, पर उन्हीं की पतंग कट जाती थी। पड़ोसियों ने बताया कि तीन पतंगें कट चुकी थीं।

पहले महाशय बोले—एक बार उनके घर से थोड़ी दूर किसी छत की मुँडेर पर एक फ़ाख्ता बैठी हुई थी। किसी ने कहा—लालाजी यदि माँझे से इस फ़ाख्ता की गर्दन काट दो तो जानें। लालाजी ताव में आ गए। पतंग को नीचे लाए। डोर को फ़ाख़्ता के बिल्कुल बग़ल में लाकर खींचा और हल्का-सा झटका दिया। फाख़्ता मुँडेर के नीचे गिर गई। बाद को पता चला कि उसकी गर्दन आधी कट गई थी। सबके मुँह पर वाह-वाह थी। कहने लगे—भला, श्यामलाल के किसी पुरखे ने ऐसा चमत्कार दिखाया है कभी?

घ

रक्षाबंधन का दिन आया। दोनों की छतों पर इतने दर्शकों की भीड़ थी कि तिल रखने की जगह नहीं थी। मालूम देता था कि सारा नगर दोनों छतों पर ही एकत्र हो गया है।

पेंच आरंभ हुआ। लोग बड़ी उत्सुकता से देख रहे थे। यदि एक पतंग नीचे से आक्रमण करती थी तो दूसरी ऊपर से। काँटे की लड़ाई थी। दोनों में से जो कोई देखता कि इस समय उसका पासा कमजोर है तो वह तुरंत बग़ली देकर निकल जाता था। फिर दोनों अपनी-अपनी पतंगों को एक-दूसरे से दूर ले जाते थे, और दूसरे को संकेत करते थे कि थोड़ी देर दम लेने दो।

इस प्रकार लगभग पौन घंटे तक युद्ध रहा। किंतु किसी ने भी नियम भंग न किया। न किसी ने 'सादी' पर काटी, न सुत्तल पर। फिर एक समय ऐसा आया कि दोनों पतंगें आपस में उलझ गईं। दोनों ने बहुतेरा छुड़ाना चाहा किंतु न छूटीं। तब उसी दशा में दोनों पतंगों को अपनी-अपनी ओर खींचने लगे। कदाचित श्यामलाल के हाथों में अधिक दम था, या उसका अभ्यास अधिक था। सबने देखा कि रामस्वरूप की पतंग कटकर अलग जा रही है। इतना ही नहीं, उसकी डोर के तीन टुकड़े हो गए थे। एक पतंग के साथ गया, एक रामस्वरूप के हाथ में रह गया, तीसरा

बीच के एक मकान की छत पर गिर पड़ा।

श्यामलाल की छत पर उल्लास की सीमा नहीं थी। सब उनकी ओर दौड़े कि उन्हें गोदी में उठा लें, किंतु श्यामलाल कहीं दिखाई नहीं पड़े। एक व्यक्ति ने देखा कि वे बग़ल की गली में औंधे मुँह पड़े हैं।

तहलका मच गया। सब दौड़े गए। गली में से उन्हें उठाया। तुरंत डॉक्टर बुलाए गए। श्यामलाल की साँस तो चल रही थी किंतु वे उठ नहीं सकते थे। कई हफ्ते उपचार हुए। उनकी जान त्रो बच गई किंतु एक टाँग बेकार हो गई। पता चला कि जब वे उलझी हुई पतंगों को खींच रहे थे, जोश में आकर पीछे हटते चले गए थे। मुँडेर तक पहुँच गए। अगला कदम लिया और छत से नीचे गली में जा पड़े।

उसी दिन से श्यामलाज कभी छत पर नहीं गए।

मूलचंद

क

वह मूल नक्षत्र में पैदा हुआ था, इसीलिए उसका नाम मूलचंद रखा गया। पहले दिन से ही रिश्तेदारों और पासपड़ोस की स्त्रियों ने दुंद मचाना शुरू किया कि मूल के ग्रह शांत करने चाहिए, अन्यथा कहीं अनर्थ न हो जाए। अतः मूलचंद के पिता ब्रजभान जी को जनमत के आगे झुकना पड़ा।

मूलों की शांति कराई गई। ब्राह्मणों की बन आई। दो पंडित जो इस ढंग के संस्कारों में दक्ष थे, बुलाए गए। उन्होंने सामान की लंबी सूची बनाई जो बाज़ार से आना था। सूखी लकड़ी के छोटे-छोटे टुकड़े, हवन की सामग्री, एक पीपा घी, पान, सुपारी, मौलि...।

यह निश्चय हुआ था कि प्रारंभिक पूजन सवेरे हो जाएगा, मूलों की शांति अपराह्न में होगी। सन्ध्या समय जब सब लोग एकत्र हुए और सामान पर एक पंडित ने दृष्टि डाली, तो देखा कि घी का पीपा, जो सवेरे भरा हुआ रखा था, इस समय आधा खाली है। तुरंत ध्यान गया कि यह काम दूसरे पंडित का है किंतु काम इस सफाई से किया था कि किसी को कानोंकान पता नहीं चला।

हवन आरंभ हुआ। दूसरा पंडित हवन कुण्ड में घी डालकर 'स्वाहा' बोलता था। पहला पंडित सामग्री डालता जाता था।

दूसरा पंडित बोला—'स्वाहा।'

पहला बोला—'घृतं चोर स्वाहा।'

फिर दूसरे ने कहा—'स्वाहा।'

तो पहले ने कहा—'घृतं चोर स्वाहा।'

दूसरा पंडित समझ गया कि चोरी पकड़ी गई है। तो अगली बार 'स्वाहा' समय बोला—'अधर्म तोर, अधर्म मोर, मत कर शोर, स्वाहा।'

हम नहीं कह सकते कि ग्रहों की शांति से कुछ लाभ हुआ या नहीं, किंतु

इतना पता है कि मूलचंद बहुत ही ढुलमुल प्रवृत्ति के थे। प्रतिदिन घर पर ठाकुर जी की पूजा करते थे किंतु रविवार के दिन आर्यसमाज मंदिर में जाना न भूलते थे। कोई बच्चा बीमार पड़ता तो डाक्टरी इलाज के साथ-साथ झाड़, फूँक भी करा लेते, कभी टोने, टोटके पर भी उतर आते थे। हिचर-मिचर में घंटों लगा देते थे। एक बार इनके कार्यालय के एक सहयोगी का तार आया कि वे अमुक गाड़ी से पहुँच रहे हैं क्योंकि उनकी छुट्टी समाप्त हो गई है। दो दिन इनके घर ठहरेंगे। मूलचन्द सोचने लगे कि अँग्रेजी सूट पहनकर स्टेशन पर जाएँ या शेरवानी और चूड़ीदार पाजामा। बहुत देर तब सोचने के बाद निश्चय किया कि शेरवानी और पाजामा पहनकर जाएँगे। इतने में ही किसी ने बाहर की कुंडी खटखटाई। बाहर जाकर देखा कि, सहयोगी महोदय खड़े हैं।

अमेरिका में तलाक बहुत होते हैं, और कभी-कभी तो विवाह के थोड़े ही दिनों बाद हो जाते हैं। एक सज्जन का विवाह हुआ तो उनके सारे मित्रों ने बधाई के तार भेजे।

एक मित्र विवाह के दिन तार भेजना भूल गए। दो दिन बाद याद आई तो तार भेजा।

''मुझे बधाई भेजने में थोड़ी देर तो हो गई है किंतु फिर भी विश्वास है कि तलाक से पहले आपको मिल जाएगी।''

ख

मूलचंद मुरादाबाद के अताई मुहल्ले के निवासी थे। इनके परिवार में पत्नी, एक पुत्र और एक पुत्री थे। इनको शुरू से ही धार्मिक पुस्तकों का शौक़ था। देश के जितने धार्मिक नेता हुए हैं—स्वामी विवेकानंद, स्वामी श्रद्धानंद, स्वामी दयानंद—सबकी संपूर्ण कृतियाँ इनके पास मौजूद थीं, और उनका यह नियमित रूप से अध्ययन करते थे। सवेरे के पूजन, मनन में इनको डेढ़ घंटा लगा करता था। संध्या के पूजन को कम समय दे पाते थे। कभी-कभी सवेरे 8 बजे की गाड़ी से कहीं जाना होता था तो 4 बजे उठ जाते थे। स्नानादि से निवृत्त होकर सवा पाँच बजे पूजन पर बैठ जाते थे। तब कहीं गाड़ी पकड़ पाते थे। यदि कभी यात्रा से लौटने में देर हो जाती और संध्या की पूजा में व्यवधान पड़ जाता तो अगले दिन 'दुहरा पाठ' पढ़ते थे। इस प्रकार यह स्वयं को दंड देकर पिछले दिन के व्यवधान का प्रायश्चित्त कर लेते थे। सदैव पत्तल में भोजन करते थे।

एक ओर तो इतनी धार्मिकता थी, दूसरी ओर मूलचंद इतने गुस्सैल थे कि यदि किसी दिन दाल में नमक अधिक पड़ गया तो थाली उठाकर फेंक देते थे,

कभी-कभी पत्नी पर हाथ भी छोड़ देते थे। बच्चों को यह कड़ा आदेश था कि जब तक मैं खाना खाऊँ, तब तक कोई बच्चा उक्त कमरे में कदम न रखे। यदि भूल से भी किसी बच्चे ने कमरे में पैर रख दिया तो बुरी तरह फटकार देते थे। हमें चैन से खाने भी नहीं दोगे? इन्हें इसका भान ही नहीं था कि बच्चों का मज़ा इसी में है कि कमरे में जूठन गिरा रहे हैं, गंदगी कर रहे हैं, राल टपका रहे हैं। इसी ढंग के कार्यकलापों में भी एक आनंद होता है जिससे वे सर्वथा वंचित थे। उनका स्वार्थ उन्हें इस दिशा में सोचने ही नहीं देता था।

कोई बच्चा सिनेमा या गाने बजाने का नाम नहीं ले सकता था। एक बार उनका एक पड़ोसी ग्रामोफोन ख़रीद लाया। ज्योंही उसने उसे बजाना शुरू किया, ये अपने दोनों बच्चों को बाहर ले गए। कहते थे कि "मैं अपने बच्चों की आदत बिगड़ने नहीं दूँगा।" एक बार इन्हें तीन दिन के लिए किसी सरकारी काम से बाहर जाना पड़ा। इनके बच्चों की बन आई। एक दिन में दो-दो फ़िल्में देखीं। वे चाहते थे कि पिताजी कुछ दिन और बाहर रहें, किंतु पिताजी चौथे दिन ही आ धमके।

घर में कोई यक्ति ज़ोर से न हँस सकता था, न बोल सकता था। ये कहते थे कि यह शरीफ़ों का घर है, कोई मछली बाज़ार नहीं है जो मनमाना द्वन्द्व गपाड़ा मचाओ। जो बात कहो, धीरे से कहो।

एक व्यक्ति किराए पर एक मकान लेना चाहता था। मकान मालिक ने मकान दिखा दिया। मकान उसको पसंद आ गया। किराए पर कोई हुज्जत नहीं हुई, किंतु मकान मालिक की एक लिखित प्रश्नावली थी। उसे देख-देख कर वह उससे प्रश्न करता गया।

प्रश्न—आपके घर में कौन-कौन से प्राणी हैं?

उत्तर—मैं, मेरी पत्नी और एक लड़की।

प्रश्न—लड़की की उम्र?

उत्तर—12 वर्ष।

प्रश्न—लड़की ने संगीत की पाठचर्या तो नहीं ली है?

उत्तर—नहीं।

प्रश्न—घर में कोई पालतू जानवर कुत्ता, बिल्ली, मुर्गा, मुर्गी, तोता, कबूतर—तो नहीं है।

उत्तर—नहीं, केवल हम तीन प्राणी हैं।

प्रश्न—आपके कोई ऐसे संबंधी तो नहीं हैं तो आए दिन आपके घर में घुसे रहते हों?

उत्तर—केवल एक चचेरे भाई हैं, जो कभी-कभी सपत्नीक आते हैं।

प्रश्न—उनके कोई बच्चे होंगे जो दुन्द गपाड़ा मचाते हों? मुझे दुन्द गपाड़े

से नफ़रत है।

उत्तर—वे निःसंतान हैं।

प्रश्न—आपके घर में कोई घड़ी तो ऐसी नहीं है जिसकी आवाज़ बहुत तेज़ हो?

उत्तर—जी नहीं। और इतना मैं आपको अपनी ओर से बताए देता हूँ कि जब मैं कुल्ला करता हूँ तो एक अलमारी खोलकर उसमें मुँह डालकर दरवाजा बन्द कर लेता हूँ ताकि कुल्ले की आवाज़ भी बाहर न जाए।

मालिक मकान पूर्ण रूप से संतुष्ट हो गया।

ग

मूलचंद की पत्नी पति के व्यवहार से बहुत दुःखी रहा करती थी। पड़ोस में एक दम्पति रहते थे। उनमें आए दिनों कहा-सुनी होती थी। यह सोचती अकेली मैं ही तो दुखी नहीं हूँ। औरों को भी दुःख सुख लगा ही रहता है।

एक दिन पड़ोसी के घर से बराबर ज़ोर-ज़ार से चिल्लाने की आवाज़ें आती रहीं। इसने पति से कहा, ''ज़रा पता चलाओ कि लड़ाई किस बात पर हो रही है।''

मूलचंद पड़ोस में गए और लौट कर बताया, ''पड़ोसियों की लड़ाई तो एक घंटे पहले ही समाप्त हो गई थी। अब इस बात पर झगड़ा हो रहा है कि लड़ाई किसने आरंभ की थी।''

उत्सुकतावश यह पड़ोसी के घर पहुँच गई। कुशल क्षेम के बाद लड़ाई का ज़िक्र आ गया। पड़ोसिन बोली, ''हमारी लड़ाई तो कुछ भी नहीं है। मैं तुम्हें एक पौराणिक कहानी सुनाती हूँ।

एक पति अपनी पत्नी को बात-बात पर मारता था—वह भी अधिकतर भोजन के विषय में। यदि दाल थोड़ी पड़ गई तो मार बैठा। एक दिन तो इस बात पर मारा कि जिस पत्तल पर उसका भोजन परोसा था, उसमें एक सींक सड़ी हुई थी।

एक दिन पत्नी ने सोचा कि आज ऐसा खाना बनाऊँगी कि उसमें ये कोई दोष निकाल ही न सकें। घंटों सोच-सोच कर भोजन तैयार किया। उस दिन न दाल में नमक अधिक था न कम, तरकारी की मात्रा न कम थी न अधिक, खीर में चीनी भी बिल्कुल उचित अनुपात में थी। यहाँ तक कि पत्तल में सींकें भी नई लगाई थीं।

आज पति महोदय को कोई भी बात दूषित नहीं दिखाई दी। चुपचाप भोजन कर लिया और पत्नी से कहा कि चारपाई डाल दे।

उसने आँगन में चारपाई बिछा दी। तारों भरी रात थी। पत्नी ने संतोष की साँस ली, सोचा कि एक दिन तो शांति से बीता। पति महोदय चारपाई पर लेट गए, पत्नी पंखा करने लगी।•

पति महोदय ने पूछा कि आकाश में जो एक स्थान पर तारों की लंबी पंक्ति-सी दिखाई दे रही है, यह क्या है?

पत्नी—यह आकाश गंगा कहलाती है। इसी मार्ग से कामधेनु गाय स्वर्ग जाती है।

पति महोदय—कमबख़्त, फिर मेरी चारपाई यहाँ क्यों बिछाई? यदि कामधेनु मेरे ऊपर गिर पड़ेगी तो मैं मर नहीं जाऊँगा।

हाथ तो खुजला ही रहे थे। मारने का बहाना मिल गया।''

मूलचंद की पत्नी ने सारी कहानी बड़े ध्यान से सुनी। फिर बोली, ''ऐसे व्यक्ति से तुम्हारे पति ही अच्छे।''

पड़ोसिन बोली, ''हज़ार दर्जे अच्छे।''

धन्ना सेठ

क

रात आधी से अधिक बीत चुकी थी। पति पत्नी सो रहे थे कि नीचे के कमरे से कोई आहट हुई। पत्नी ने कहा कि जाकर देखो, कोई चोर तो नहीं है। पति ने कहा, "तुम्हें भ्रम हुआ है।" फिर आहट हुई तो पत्नी ने फिर उकसाया। तो बोले कि "चोर होगा तो कोई हरबा भी लाया होगा। मुझे देखते ही आक्रमण करेगा। मेरे पास तो लाठी भी नहीं है। मुफ्त में मारा जाऊँगा।"

पत्नी ने कहा, "तुम तो कायर हो। यदि चोर हो तो तुम शोर मचा कर पड़ोसियों को इकट्ठा तो कर सकते हो। तुम में तो ज़रा-सा भी साहस नहीं है।"

पतिदेव बड़ी हिचर-मिचर करते हुए उठे, और बोले कि "मैं तो काल के गाल में जा रहा हूँ। पता नहीं लौटूँगा भी या नहीं। यदि मुझे कुछ हो जाए तो एक-एक मकान दोनों लड़कों को दे देना। अब रहा बाग। उसकी आमदनी से तुम्हारा गुज़ारा आसानी से हो जाएगा। और बाज़ार वाली दुकान..."

पत्नी बोली, "अब जाओगे भी या बातें ही बनाते रहोगे?"

पति महोदय सहमते हुए, हिचकते हुए, डरते हुए, नीचे के कमरे में पहुँचे तो देखा कि एक बिल्ली का बच्चा गेंद से खेल रहा है।

धन्नी में कुछ विचित्रताएँ थीं। 'स' के बदले 'क' बोलती थी। उसका एक भतीजा था पुरुषोत्तम। यदि किसी दिन कोई पूजा करती तो उससे प्रसाद लाने के लिए कहती, "अरे परकोत्तम, परकाद ला दे।" गाँव में पली थी। पढ़ी-लिखी थी नहीं। जब विवाह के बाद पहली बार ससुराल आई थी तो देवर से कहा कि "बाज़ार से मेरे लिए सिलीमेंट ला दे।" लड़का समझा नहीं कि 'सिलीमेंट' क्या चीज़ हुई। वह बेचारा गया और बाजार से थोड़ा-सा सीमेंट ले आया। देखकर बोली, "यह क्या ले आया है? पैरों में पहनने वाला सिलीमेंट।" उसका मतलब स्लीपर से था।

धन्नी एक बार मायके गई। अगले दिन छोटे भाई से बोली, "मुझे दो पोस्टकार्ड ला दे।" पोस्टकार्ड आ गए। एक पोस्टकार्ड पर पति को पत्र लिखवाया, 'छोटे देवर

को असीस, बड़े देवर को असीस, भतीजी को प्यार।'

अंत में लिखवाया, 'अब मैं इस ख़त को बम्बे में डरवाए देती हूँ।'

फिर भइये से कहा, "अब मुझे पढ़कर सुना दे।" उसने पत्र सुना दिया। उसने और सब लिखा था किंतु अंतिम वाक्य नहीं लिखा था। सारा पत्र सुनकर बोली, "यह तूने कहाँ लिखा है कि अब मैं यह पत्र बम्बे में गिरवाए देती हूँ। इसके बिना पत्र पहुँचेगा कैसे।"

भइये ने वह भी लिख दिया। फिर बोली, "दूसरा कार्ड भी लिख दे।" उसने पूछा वह किसको जाएगा? बोली, "वह भी उन्हीं (पति) को भेजूँगी। एक आज डालूँगी, एक कल डालूँगी।" वह कार्ड लेकर बैठ गया और बोला, "इसमें क्या लिखूँ?" तो बोली, "जो इस कार्ड में लिखा है, वही दूसरे कार्ड में भी लिख दे।" उस बेचारे का साहस न पड़ा कुछ कहने का। उसने चुपचाप उसने भी वही भाषा लिख दी और पीछा छुड़ाया।

विवाह के वर्षों बाद धन्नी के लड़का हुआ। धन तेरस के दिन पैदा हुआ। अतः उसका नाम धन्वन्तरि रखा गया। लाड़ से लोग उसे धन्ना पुकारने लगे।

धन्नी के पति का नाम था कालीचरन। रेलवे के एक कार्यालय में सेवारत थे। गाड़ियों के आरक्षण संबंधी कार्य उन्हीं के ज़िम्मे थे। वेतन तो उनका साधारण था परंतु ऊपर से न जाने कितना कमा लेते थे। उनका कार्यालय घर से काफ़ी दूर था। मार्ग में एक बार बस बदलनी पड़ती थी। एक दिन कार्यालय में बैठे हुए थे कि पत्नी का फोन आया कि "तुरंत चले आओ।" सुनते ही होश उड़ गए। पता नहीं क्या हो गया। बच्चा बीमार पड़ गया, या कोई अनहोनी घटना घटी। घर पर हरा-भरा कुटुंब था। कालीचरन के कई भाई, भतीजे और एक विधवा बहन भी साथ ही रहते थे। पता नहीं उनमें से किसी को कुछ हो गया। तुरंत बस पकड़ी और उपयुक्त स्टाप पर बस बदलने के लिए उतरे। दूसरी बस आने में देर थी। तो पैदल चल दिए। तेज़ी से प्रायः दौड़ते-दौड़ते आए। हाँफते हुए घर पहुँचे। जाकर धन्नी से पूछा कि क्या बात है तुमने मुझे इस प्रकार बुलाया है? वह बोली, "तुमने बड़ी देर कर दी। बच्चे ने अपने पैर का अँगूठा मुँह में रख लिया था और बड़ा ही हत्यारा लग रहा था।"

ख

वर्षों बीत गए। धन्ना ने हाई स्कूल पास कर लिया। रेलवे सेवक के पुत्र थे, अतः उन्हें गार्ड की नौकरी आसानी से मिल गई। दत्तचित्त होकर काम करते थे। बराबर उन्नति करते गए। माता-पिता वृद्ध हो गए थे। इनके कई चचेरे, तयेरे भाई थे।

सब एक ही घर में रहते थे।

किंतु धन्ना थे बड़े धन-लोलुप। पैसे को दाँत से पकड़ते थे। स्टेशन के छोटे-मोटे कर्मचारियों को पैसा उधार देते थे, और मनमाना सूद लगाते थे। हिसाब लगाने में भी जितनी कतरब्योंत कर सकते थे, कर लेते थे। किंतु आमदनी अधिक थी, खर्च कम था, इसलिए छोटी-मोटी राशियाँ देने के लिए उनके पास सदैव पैसा तैयार रहता था। इसीलिए लोग उन्हें 'धन्ना सेठ' कहने लगे।

धन्ना सेठ कंजूस थे, किंतु उनकी कंजूसी में भी व्यवस्था थी। सवेरे घर के सब कमरों में स्वयं झाड़ू लगाया करते थे। जब बुहारी घिसते-घिसते छोटी पड़ जाती थी, तब उसे अपने कमरे में रख लेते थे। उससे घर की मोरियाँ साफ़ किया करते थे। जब और भी छोटी हो जाती थी, तो उससे तोते का पिंजरा साफ़ किया करते थे।

जब घर का कोई सदस्य अपने जूते बेकार समझकर फेंक देता था, तब ये उन्हें उठाकर अपने कमरे में रख लेते थे। इनके कमरे में जिस प्रकार बुहारियों की भरमार थी, बड़ी बुहारी, मँझली बुहारी, छोटी बुहारी—उसी प्रकार जूतों का भी ढेर रहता था। सबसे अच्छा जूता नौकरी पर जाने का, उससे ख़राब बाज़ार से सौदा लाने का, सबसे बुरा जूता या स्लीपर घर के अंदर पहनने का।

घर गृहस्थी की व्यवस्था हर महीने एक भाई को सौंप दी जाती थी। जिस महीने धन्ना सेठ के हाथ में आती थी, घर वालों की आफ़त आ जाती थी। बाज़ार से तरकारी लेने सन्ध्या समय जाते थे जब बाज़ार उठने वाला होता था। छँटोर रह जाती थी। उक्त तरकारी औने-पौने बिकती थी। ये ऐसी ही तरकारी खरीदते थे।

जब धोबी आता था, घर भर के कपड़े इनके सामने रखे जाते थे। उनमें से लगभग आधे ये निकालकर वापस कर देते थे। "यह धोती अभी दो दिन और पहनने योग्य रहेगी। पाजामा तो परसों ही निकाला था, अभी मैला कहाँ है जो डाल दिया? तौलिया तो घर पर ही धोनी चाहिए, यह तो कोरा कोट है, इसे पहले तीन दिन पहनकर तब धोबी को डालना...।"

धन्ना सेठ के कमरे में एक अलमारी थी। उसमें चार-पाँच ढेरियाँ रेज़गारी की रखी रहती थीं। एक बोधी के हिसाब की, एक तरकारी के हिसाब की, एक नाज के हिसाब की...हर ढेरी में उनके पैसे गिने चुने रहते थे। यदि कभी आवश्यकता पड़ती कि ये किसी को भेज कर अलमारी में से पैसे निकलवाते, तो कहते कि तीसरी ढेरी में दो अठन्नियाँ, एक चौअन्नी और इक्कीस पैसे होंगे। उसमें से एक अठन्नी, एक चौअन्नी और ग्यारह पैसे ले आओ। क्या मजाल जो इस हिसाब में एक पैसे का भी अंतर निकले।

ग

वर्षों बाद की बात है। धन्ना सेठ के माता-पिता सिधार चुके हैं। उनकी पत्नी भी गोलोकवासी हो गई है। एक लड़का है जो इनकी परवा भी नहीं करता और उसकी इतनी आमदनी भी नहीं कि इनकी सहायता कर सके।

जीवन भर कंजूसी से रहे। सेवा-निवृत्ति के समय इनके पास लगभग सत्तर हज़ार रुपये थे। कहा करते थे कि मुझे क्या चिंता है? मुरादाबाद से लगभग 20 कि.मी. दूर 'ऊँचा गाँव' है। वहाँ एक बगिया में एक साधु रहते हैं जिन्हें मैं गुरु की भाँति मानता हूँ। मैं तो वहीं जाकर उनकी झोंपड़ी के बग़ल में एक मड़ैया डाल लूँगा और भगवद्‌भजन करूँगा।

बाज़ार में एक सटोरिए की दुकान थी। नाम था किशोरी लाल। धन्ना सेठ उसकी दुकान की ओर देखते भी नहीं थे। एक दिन ये उधर से निकल रहे थे। किशोरी लाल की दुकान पर उनके एक मित्र बैठे हुए थे। वे बोले, "किशोरीलाल, यदि इनको सट्टेबाजी में फँसाकर दिखाओ तो जानें।" किशोरी लाल ने कहा, "यह कौन-सी बड़ी बात है।"

दो एक दिन बाद धन्ना सेठ उधर से जा रहे थे कि किशोरीलाल ने आवाज़ देकर बुला लिया, "आपका नाम बड़ा भाग्यशाली है।"

धन्ना सेठ बोले, "वह कैसे?

किशोरी लाल ने कहा, "परसों मैंने आपके नाम से सट्टे में 200 रुपये लगाए थे। आज उसके 375 रुपये हो गए। यह लीजिए लाभ के 175 रुपये।

धन्ना सेठ बोले, "किंतु मैंने तो आपसे कभी कहा नहीं था कि मेरे नाम से सट्टा खेलें।"

किशोरीलाल ने कहा, "आपने कभी नहीं कहा था परंतु हमें अनुमान रहता है कि किसका नाम भाग्यशाली है, किसका अभागा। फिर, मैं आपको कुछ दे ही रहा हूँ। आप से कुछ माँग तो रहा नहीं हूँ। फिर आपको यह पैसा लेने में क्या आपत्ति है?"

मिलता माल किसे बुरा लगता है। धन्ना सेठ ललचा गए। 175 रुपये उठा लिए। किशोरीलाल बोले, "लोग सट्टे को जुआ कहते हैं। किंतु यदि चौकन्ने होकर, बाज़ार भाव का अध्ययन करके दाँव लगाया जाए तो लाभ क्यों न होगा? यह भी एक पूरा व्यापार है। इसी दुकान पर दर्जनों व्यक्ति मालामाल हो गए हैं।"

इसी प्रकार किशोरीलाल ने दो-तीन बार और धन्ना सेठ को 'लाभ' दिया। फिर तो ये स्वयं दुकान पर जाकर सट्टा खेलने लगे। एक महीने में ही आठ हज़ार रुपये हार गए। तब सोचा कि ये रक़म वापस आ जाए तो सट्टा बिल्कुल छोड़ दूँगा।

किंतु गई हुई राशि कब वापस आती है? छह महीने में कोरे कुल्लाँच हो

गए। बेटे से दिन-रात झकझक होने लगी। जिस लड़के को आशा थी कि बुड्ढा बाप काफ़ी अच्छी रक़म छोड़कर जाएगा, उसे अब तारे दिखाई देने लगे।

धन्ना सेठ ऊँचा गाँव पहुँच गए हैं। मुरादाबाद में इनकी एक दुकान है जिसका किराया 50 रुपये महीना इनको मिलता है। उसी से गुजारा करते हैं। गुरुजी के पास ही एक मड़ैया डाल ली है। यदि कभी कोई कमी पड़ जाती है तो गुरुजी इनकी सहायता कर देते हैं।

सबहि दिन नाहि बराबर जात

क

बैठक जमी हुई थी। लोग दूर की हाँक रहे थे। एक सज्जन थे फ़तह खाँ। वे कह रहे थे कि मेरे एक पुरखे थे जनाब वर्जीहीन साहब, नबाव गुमरानी पुर। खुदा उन्हें जन्नत बख़्शे। वे नबाव वाजिद अली शाह के ज़माने के थे। वल्लाह, क्या तबीयत पाई थी। क्या रियासत थी, क्या आन-बान थी। जिस साबुन को एक बार शरीर से लगा लेते थे दुबारा उसे छूते नहीं थे। जो रज़ाई एक बार ओढ़ ली वह नौकरों को दे दी। मछली खाने का बड़ा शौक़ था उनके लिए खास विलायत से मछली आती थी। सैकड़ों रुपये की एक डिबिया मिलती थी। दो-तीन डिबियाँ रोज खाते थे।

बैठक में असदुल्ला बेग भी बैठे हुए थे। वह कब चूकने वाले थे। बोले—मेरे दादा के परदादा नबाव वाजिद अली शाह के भतीजे थे। एक बार आपके नबाव गुमरानी उनसे मिलने आए। उनके पास एक ख़ानदानी कलग़ी थी जिसमें पन्ना जड़ा हुआ था। उसे लगाकर आए थे, और बार-बार उसे हिला रहे थे कि नबाव वाजिद अली का ध्यान उस पर जाए। नबाव वाजिद अली ने अपने ख़वासे को संकेत किया। बैठक के एक कोने में हुक़्क़ा रखा हुआ था जिस पर कपड़ा ढका हुआ था। ख़वासे ने कपड़ा हटाया तो मानो बिजली-सी कौंध गई। हुक़्क़े पर ऊपर से नीचे तक हीरे जड़े हुए थे। उसे देखकर नबाव गुमरानी सहम गए।

नबाव वाजिद अली ने हुक्क़े में दो-चार कश लगाए। तब उनके ख़वासे ने आकर नबाव गुमरानी से कहा कि हुजूर का ख़ास ख़वासा कौन-सा है। उसे यह हुक़्क़ा दे दिया जाए क्योंकि हमारे नबाव साहब तो दुबारा इस हुक़्क़े को पिएँगे नहीं। नबाव गुमरानी को मानो काठ मार गया। बोले, "हुजूर, मैं नादिम हूँ। मुझे और शर्मिन्दा न करें।"

असदुल्ला बेग के चाचा भी बैठे हुए थे। वे बोले, एक बार नबाव वाजिद अली की बेगम साहिबा अजमेर की दरगाह में जा रही थीं। नबाव यूसुफ़ अली

की रियासत रास्ते में पड़ी थी। उन्होंने बहुत अनुनय-विनय किया तो बेगम साहिबा ने उनके एक घंटे का आतिथ्य स्वीकार किया। नबाव साहब ने महल की ड्योढ़ी से ज़नानख़ाने तक अपना सबसे बढ़िया मख़मल बिछा रखा था। बेगम साहिबा ने अपनी निजी सेविका से कहा कि मालूम होता है, रास्ते में काँटे बिछा दिए हैं।

उन दिनों गन्ने का मौसम था। बेगम साहिबा ने सबसे बढ़िया खेत से चुने हुए गन्ने को मँगवाकर उनकी गँडेरियाँ बेगम साहिबा की खिदमत में पेश कर दीं। बेगम साहिबा ने खाईं तो सेविका से बोली कि "यह तूने मुझसे कब की दुश्मनी निकाली?"

सेविका हक्की-बक्की रह गई। बात यह थी कि गँडेरियों के रेशे इतने सख़्त थे कि बेगम साहिबा का मुँह लहूलुहान हो गया था। बाद में पता लगा। तो मालूम हुआ कि बेगम साहिबा के महल में एक सेविका केवल इस काम के लिए रखी जाती है कि चिमटी लेकर गँडेरियों के सख़्त रेशे निकाल दे। सेविका एक विशेष प्रकार का चश्मा लगाकर रेशे निकालती थी। घंटों में गँडेरियाँ इस योग्य होती थीं कि केवल मुलायम रेशे ही रह जाएँ। तब बेगम साहिबा उन्हें खाती थीं।

इतने में रामप्रसाद जी बोले, "यह सब बातें तो बहुत पुरानी हैं। हमारे ही समय में घर भर के लिए एक कड़ाह भर दूध लिया जाता था। उसकी मलाई उतार कर सारा दूध नौकरों को बाँट दिया जाता था। किंतु अब उसी घर में बच्चों को दूध नसीब नहीं होता।"

मातादीन बोले, "हमारे मुहल्ले के रामकिशन सदैव रेशमी धोतियाँ पहनते थे, किंतु उनकी किनारी काट लिया करते थे क्योंकि उनकी कमर में गड़ती थी। फिर एक समय ऐसा आया जब किनारी सहित पहनने लगे। कुछ वर्ष और बीते तब सादी धोती पहनने लगे। तब उन्होंने अपने मित्रों से कहा कि "अब हमें बनारस छोड़कर कहीं और रहना पड़ेगा" और वास्तव में वे अपना जन्म स्थान बनारस छोड़ कर चले गए।"

ख

हमारे देखते-देखते बनारस के न जाने कितने रईस बिगड़ गए, कितने मर गए, कितने बनारस छोड़कर चले गए।

बनारस के एक रईस थे साहू रामविलास। उनके पास, बाग़ बगीचा, जमीन, जायदाद, सब कुछ था। उनके पिताजी सूद पर रुपया देते थे। बहुत से ग़रीबों को चूस-चूस कर उन्होंने संपत्ति इकट्ठी की थी। पुत्र का रंग ढंग वे शुरू से देख रहे

थे। उसका हाथ बहुत खुला हुआ था। वे उसके लक्षणों से कुढ़ा करते थे। कहा करते थे, "यही हाल रहा तो एक दिन तेरे हाथ में भीख का ठीकड़ा होगा।"

पिताजी के देहांत के बाद रामविलास खुल कर खेलने लगे। घर की गाड़ी होते हुए भी बाज़ार के ताँगे में सैर करना पसंद करते थे। घंटे-दो घंटे ताँगे पर सैर करके लौटते थे। यदि उपयुक्त किराया 5 रु. होता तो 10 रु. दे देते। इसीलिए इन्हें देखते ही दूर से ताँगे वाले दौड़े आते थे और उनमें होड़ लग जाती थी कि साहू साहब को कौन ले जाए।

एक बार इनका कुत्ता बीमार पड़ा। तुरंत सिविल सर्जन को बुलवाया। साधारण-सी शिकायत थी। जल्दी ही ठीक हो गया। मुनीम को आज्ञा दी कि डॉक्टर को 200 रु. दे दें। मुनीम ने कहा, "हुजूर, डॉक्टर के तो केवल 20 रु. बनते हैं।" तो बोले, "जैसा हम कहते हैं, वैसा करो।"

पीने पिलाने के अतिरिक्त और भी कई शौक़ थे। किसी ने आकर कहा, "हुजूर, जौनपुर में एक नई वेश्या टिकी है। उसके मुजरे के क्या कहने हैं। लोग दूर-दूर से देखने आते हैं।" साहू साहब ने तुरंत आज्ञा दी, "गाड़ी तैयार करो। अभी जौनपुर चलेंगे।" अनुचरों ने कहा, "इस वक्त रात के नौ बजे हैं। कल सवेरे चलें तो क्या हर्ज है?" तो झल्ला पड़े, "सवेरे गए तो बात ही क्या हुई? अभी चलेंगे।"

लगभग रात के 11 बजे जौनपुर पहुँचे। उक्त वेश्या को सोते से जगाया और कहा, "अभी बनारस चलकर मुजरा करो।" उसने आनाकानी की क्योंकि उसी दिन मिर्ज़ापुर से आई थी, और थकी हुई थी। पता चला कि एक मुजरे के वह पाँच सौ रुपये लेती थी। तो बोले कि हम पाँच हज़ार रुपये देंगे। किंतु अभी चलना होगा। वह बेचारी राज़ी हो गई। बनारस पहुँचे। डेढ़ बजे मुजरा हुआ और 5 बजे तक चला। उसे पाँच रुपये तो दिए ही। इसके अतिरिक्त एक क़ालीन दिया, एक चाँदी का हुक़्क़ा दिया, एक बढ़िया पलंग मँगाकर जौनपुर भेजने का वचन दिया। उसने ईश्वर से प्रार्थना की कि ऐसे-ऐसे ग्राहक रोज़ भेज दिया करे।

साहू साहब को क्रिकेट देखने का बेहद शौक़ था। एक बार क्रिकेट की एक प्रसिद्ध टीम इंग्लैंड से आई हुई थी। कलकत्ते में उसके मैच हो रहे थे। साहू-साहब कलकत्ते पहुँच गए। सवेरे तड़के ही उठकर नाश्ता कर लेते। दोपहर के लिए आलू-भरे नमकीन पराँठे बनवा लिए और मैच देखने चल दिए। पिताजी मौजूद थे, अतः उन दिनों आज के से ठाठ बाट तो थे नहीं। कटोरदान लेकर गैलरी के सबसे ऊँची सीट पर बैठ जाते थे। मैच 10 बजे आरंभ होता किंतु ये 6-7 बजे पहुँचे जाते। फिर संध्या को ही लौटते।

आज साहू साहब को फिर क्रिकेट की याद आई, अपने मित्रों और हाली मवालियों की एक टीम बनाई। सब खिलाड़ियों के लिए वर्दियाँ बनवाईं। फिर टीम

को लेकर बाहर खेलने भी जाने लगे। स्वयं कभी नहीं खेलते थे। इनके खिलाड़ियों को कोई प्रशिक्षण तो था नहीं। अतः जो परिणति अनाड़ी टीमों की होती है, वही होती थी। किंतु इसकी उन्हें चिंता नहीं थी। इनका मनोरंजन हो जाता था, इतना ही काफ़ी था।

ग

समय बीतते देर नहीं लगती। पैसे का खेल कब तक चलता? जायदाद बिकनी आरंभ हो गई। बाग़ बगीचे गए, दुकानें गईं। इनके एक ही लड़की थी। उसका ब्याह इतनी धूमधाम से किया कि नाम रोशन कर लिया। लोगों ने कहा कि बनारस में इससे पहले ऐसा ब्याह नहीं हुआ था। बहुत बड़ी धनराशि ब्याह में खर्च हो गई। अब केवल इस योग्य रह गए कि दो वक्त रूखी सूखी रोटी खा लें। किंतु मस्तिष्क में अब भी रियासत बाक़ी थी। पीने के लिए तो पास पैसा ही न था। एक शीशी में मदिरा रख छोड़ी थी। घर से बाहर निकलना बहुत कम हो गया। किंतु जिस दिन निकलते, रूमाल पर थोड़ी-सी छिड़क लेते। कोई मित्र मिल जाता, तो रूमाल सूँघने लगते। कहते—"आज ज़रा ज़्यादा पी ली थी, तो जुकाम हो गया है।"

कुछ दिन और बीते। घर का उपस्कर बिका, संदूक, पिटारे बिके, यहाँ तक कि खाने-पीने के बर्तन भी बिक गए। सन्ध्या समय एक दिन घर से निकले। जेब में केवल एक अठन्नी थी। तरकारी लेने जा रहे थे। एक पुराना ताँगे वाला मिल गया। उसने झुककर सलाम किया। जेब से अठन्नी निकाल उसे दे दी। भला उसे अठन्नी भी न देते तो क्या देते?

घर का मकान तो निकल ही गया था। घर के तकिए, बिछौने, दीबट तक बिकने की नौबत आ गई। एक मंदिर में जाकर पड़ रहे। मंदिर वालों को दया आई। उन्होंने प्रयत्न करके उपहार-गृह में नौकरी दिलवा दी। ग्राहकों को भोजन कराते थे, उनके जूठे बरतन साफ़ करते थे। इनके पुराने मित्र कभी उधर से निकल जाते थे तो मुँह फेर लेते थे, इसलिए नहीं कि इनसे घृणा थी, बल्कि इसलिए कि ये देखेंगे तो कदाचित लज्जित हो जाएँगे। परंतु कभी सामना हो जाता था तो ये उसी तपाक से मिलते थे। कोई पिछली बातों का ज़िक्र करता था तो कहते थे कि 'जो बीत गई सो बात गई।'

घ

रामविलास का अंतिम समय है। वे अपने मित्र से बातें कर रहे हैं; मुझे कोई पश्चात्ताप नहीं है। दुनिया का कोई सुख ऐसा नहीं है जो मैंने न भोगा हो। भगवान ने मुझे सब कुछ दिया और केवल तीन-चार लाख रुपये में। सौदा बिल्कुल भी महँगा नहीं पड़ा। मैं पूर्ण संतोष के साथ जा रहा हूँ क्योंकि मैं जानता हूँ कि–

सबहि दिन नाहि बराबर जात।

बाबू ज्वाला प्रसाद

क

बाबू ज्वाला प्रसाद कानपुर के जाने माने अधिवक्ता थे। उनके मस्तिष्क की कुशाग्रता की ख्याति दूर-दूर तक फैली हुई थी। सामान्य सी सामान्य बात में से कोई बारीक बात खोज निकालते थे।

इंग्लैंड में गर्मियों में दिन बहुत बड़े होते हैं सवेरे 3 बजे से दिन आरंभ हो जाता है। अधिकतर कारखाने 8 बजे से चालू होते हैं। वहीं के एक निवासी के मस्तिष्क में यह विचार आया कि सवेरे के सूर्य प्रकाश से अधिक से अधिक लाभ उठाया जाए। उसने संसद के सम्मुख यह प्रस्ताव रखा कि गर्मियों में इंग्लैंड की सारी घड़ियाँ एक घंटा आगे बढ़ा दी जाएँ। इस प्रकार सवेरे के कार्य-कलापों के लिए एक घंटा अधिक मिल जाएगा। इसके अतिरिक्त, कारखाने अथवा कार्यालय से लौटने के बाद बाज़ार हाट करने के लिए भी एक घंटा अधिक मिला करेगा और सौदा-सुल्फ लेकर दिन में ही घर लौट आया करेंगे। रात एक घंटा देर से आरंभ होगी, और इस प्रकार हजारों घंटे की बिजली बच जाया करेगी। यह योजना स्वीकार हो गई और एक निश्चित रात को निर्धारित समय पर इंग्लैंड की सारी घड़ियाँ एक घंटा आगे कर दी गईं। इस 'नए समय' को 'ग्रीष्म समय' कहा जाने लगा।

इस कार्य विधि की उपयोगिता संदिग्ध है। इसके बदले जो भी कारख़ाने अथवा कार्यालय इस उपाय को आवश्यक समझें वे गर्मियों के दिनों में अपने कार्यालय की समय सारणी बदल दें। इसके विपरीत घड़ियों का समय बदल देने से सारे देश में संभ्रम उत्पन्न हो जाता है, और अंतर्राष्ट्रीय समय समीकरण भी गड़बड़ा जाता है। किंतु इंग्लैंड की नक़ल पर भारत ने भी इसी प्रक्रिया को अपनाया और गर्मियों के दिनों के लिए एक निर्धारित तिथि की रात के 12 बजे सारे देश की घड़ियाँ 1 घंटा आगे कर दी गईं। उन दिनों देश के वाइसराय लार्ड विलिंग्डन थे, अतः उक्त परिवर्तित समय का नाम 'विलिडंग्डन समय' रखा गया।

बाबू ज्वाला प्रसाद के पास एक मुकदमा आया जिसमें एक व्यक्ति गोपाल राम के ऊपर हत्या का अभियोग लगा था। गवाहों के बयान हो चुके थे। उनमें से कई ने कहा था कि उक्त हत्या उनकी आँखों देखी थी। गवाहों की साक्षी में कहीं असंगति दिखाई नहीं देती थी। सबने एक स्वर से कहा था कि जिस समय उक्त हत्या हुई थी, घड़ी में रात के ठीक साढ़े बारह बजे का घंटा बजा था। यों तो सफ़ाई की ओर से कई वकील किए गए थे, किंतु प्रमुख थे ज्वाला बाबू। उन्होंने कहा था कि वे अंतिम पेशी पर पहुँचेंगे और अभियोग पक्ष को धराशायी कर देंगे। ऐसा ही हुआ भी।

उक्त दिन कक्ष खचाखच भरा था। सब लोग दम साधे खड़े थे। अभियुक्त को प्रत्यक्ष मौत दिखाई दे रही थी! जब ज्वाला बाबू खड़े हुए, न्यायालय में निस्तब्धता छा गई। इन्होंने कहना आरंभ किया, "हुजूर, ज़रा याद करें। जिस दिन की यह घटना बताई जाती है, तारीख 15 अगस्त थी। यह वह रात थी जब देश की सारी घड़ियाँ रात के ठीक 12 बजे 1 घंटा आगे कर दी गई थीं और 'विलिंग्डन समय' का आरंभ हुआ था। अर्थात् ज्यों ही 12 का घंटा बजा, तीव्रता से सुइयाँ आगे करके 1 बजा दिया गया। उस रात साढ़े बारह तो बजे ही नहीं। फिर साढ़े बारह बजे हत्या किस प्रकार हुई?"

न्यायालय में हर्ष की लहर दौड़ गई। ज्वाला बाबू सदैव संक्षेप में ही बोलते थे। वही उस दिन हुआ। गोपाल राम साफ़ छूट गए।

बहुत से दुकानदार दुहरे बहीखाते रखते हैं : एक सच्चा, दूसरा झूठा—विक्रय कर से बचने के लिए सरकार में झूठा बहीखाता ही दिखाया जाता है। एक बार सरकारी निरीक्षक एक दुकान पर पहुँच गया, जबकि दुकानदार झूठा बहीखाता तैयार कर रहा था। सच्चा खाता भी पास ही रखा था। निरीक्षक महोदय की दृष्टि दोनों खातों पर पड़ गई। उसने दोनों खाते उठाकर अंतिम लिखे हुए पृष्ठ पर हस्ताक्षर कर दिए। फिर दुकानदार से कहा कि अमुक दिन कचहरी में उपस्थित होना।

दुकानदार को काटो तो खून नहीं। ज्वाला बाबू से उसका कुछ संबंध होता था। सीधा उनके पास पहुँचा और सारी घटना सुना दी। फिर पूछा कि "क्या यह मैंने जुर्म किया है?' ज्वाला बाबू बोले, "हाँ, यह साफ़ जुर्म है।" देखा कि दुकानदार काँपने लगा, और गिरकर बेहोश हो जाएगा। तो तुरंत बोले कि "इस मामले में तो कुछ नहीं होगा, किंतु भविष्य में ध्यान रखना।" तब दुकानदार की जान में जान आई। ज्वाला बाबू बोले कि निरीक्षक तो मूर्ख था। यदि उसी समय तुम्हारा बयान ले लेता तो तुम फँस जाते, किंतु अब तो साफ़ बच जाओगे। फिर उसे बताया कि उसे कचहरी में क्या बयान देना है।

जब मुक़दमा पेश हुआ, निरीक्षक ने पूछा कि तुम्हारे पास दो लेखा बहियाँ हैं। इनमें से कौन-सी सच्ची है?

दुकानदार बोला, दोनों सही हैं। जब कोई माल दिखाने के लिए घर ले जाता है, एक बही पर, जिसे जाकड़ कहते हैं, चढ़ा लेता हूँ। जो माल वापस आ जाता है, उसे जाकड़ में से काट देता हूँ। जो वापस नहीं आता, उसे दूसरी बही पर चढ़ा लेता हूँ। उसे मैं पक्की बही कहता हूँ।

निरीक्षक महोदय समझ गए कि यह पट्टी किसी वकील की पढ़ाई हुई है।

ख

बाबू ज्वाला प्रसाद खाने के बहुत ही शौक़ीन थे। कानपुर के कौन से बाजार में बढ़िया मूँगफली मिलती है, कहाँ बड़े-बड़े दाने का होरहा मिलता है, कहाँ चोटी के आम मिलते हैं, यह सब उन्हें मालूम रहता था। खाने की बढ़िया चीज़ लाने के लिए वह मीलों का चक्कर काट आते। आमों के मौसम में हफ्तों आम और दूध ही खाकर रह जाते थे। एक-एक दर्जन बनारसी लँगड़े खा जाते थे, क्या मजाल जो पेट में ज़रा-सी भी गड़बड़ हो जाए।

छुट्टी के दिन सामान्यतः गोठ हुआ करती थी। अधिकतर जाज मऊ जाते थे जो कानपुर से लगभग 7 किलोमीटर दूर है। वहाँ अहरे लग जाते थे। कभी दाल, बाटी, कभी पूरी, कचौरी, कभी खिचड़ी बनती थी। कभी-कभी अनापशनाप भी खा जाते थे। दस्त पड़ जाते थे, तो 2-3 दिन का फ़ाका कर लेते थे। एक मित्र ने एक बार कहा, ''इतना क्यों खा जाते हो जो भुगतना पड़े। संयम से क्यों न खाया करो?'' तो उत्तर दिया, ''यदि संयम से ही खाना पड़े तो जीने से लाभ क्या।''

एक व्यक्ति डॉक्टर के पास पहुँचा और कहाँ कि मैं 100 वर्ष तक जीना चाहता हूँ। तब यों वार्तालाप हुआ :

डॉक्टर—तम्बाकू का सेवन करते हो?

व्यक्ति—नहीं।

डॉक्टर—शराब पीते हो?

व्यक्ति—नहीं।

डॉक्टर—कोई और शौक़ है?

व्यक्ति—नहीं।

डॉक्टर—और तुम 100 वर्ष तक जीना चाहते हो?

व्यक्ति—हाँ।

डॉक्टर—किसलिए?

यदि कहीं से मिठाई आ जाती थी तो ज्वाला बाबू की आँखें चमकने लगती थीं। एक दिन कोई व्यक्ति लड्डू बाँटता हुआ इनके घर आया। चार लड्डू इनके

घर के लिए दिए। इनका पोता भी पास बैठा हुआ था। एक लड्डू उसे दिया और तीन स्वयं खा लिए। उससे पूछा तो पता चला कि किसी के बड़े लड़के का विवाह हुआ है। उसके उपलक्ष्य में लड्डू बाँटे हैं। उससे पूछा कि उस व्यक्ति के कोई और लड़का भी है? वह बोला, "एक लड़का इससे छोटा है। उसका विवाह अगले वर्ष होगा।" तो तुरंत बड़े उत्साह से बोले, "अच्छा तो अगले साल फिर खाएँगे लड्डू।"

जितनी पहचान उन्हें आमों के प्रकारों की थी, उतनी ही कपड़ों की थी, चाहे अँग्रेजी सूट हो, चाहे स्त्रियों का साड़ी जम्पर। गहनों की इतनी पहचान थी कि बहुत-सी स्त्रियाँ गहनों के चुनाव में उनसे राय लिया करती थीं। इतनी उच्च कोटि का मस्तिष्क पाया था कि ऊँची से ऊँची बात में रुचि ले लें, और नीची से नीची बात में। एक ओर प्रोफ़ेसरों, वकीलों, डॉक्टरों में बैठकर घंटों बतियाते थे, तो दूसरी ओर रिक्शा वालों और बीड़ी वालों से भी घंटों दिल बहलाव कर लेते थे। उनसे किसी भी विषय पर बात छेड़िए, वह उसमें कोई न कोई नई बात पैदा करके दिखा देंगे।

दो मित्र बातें कर रहे थे। एक बोला, "मेरी पत्नी दुनिया के किसी भी विषय पर घंटों बोल सकती है।"

दूसरे ने कहा, "यह कौन-सी बड़ी बात है? मेरी पत्नी तो बिना किसी भी विषय के घंटों बोल सकती है।"

ग

एक पेचीदा मुक़दमा आया। अभियोग पक्ष का बयान था—"हर स्वरूप नामक व्यक्ति ने कई वर्ष पहले हमसे इलाहाबाद में रुपया उधार लिया था। उसका काग़ज भी लिख दिया था। आज वह रक़म बढ़कर कई हज़ार हो गई है।" दूसरे पक्ष का कहना था कि रक़म कभी ली ही नहीं गई।

अभियोग पक्ष की ओर से 2-3 मस्तिष्क लगे। कई वर्ष पहले का काग़ज़ मँगाया गया। उस पर नक़ली हस्ताक्षर इस खूबी से बनाए गए कि असली की झलक दे रहे थे। मुक़दमा कानपुर में दायर किया गया था। इलाहाबाद से एक नामी वकील भी बुलाया गया था। अभियुक्त के मित्र बड़े चिंतित थे कि सबूत इस सफ़ाई से तैयार किया गया है कि निकलने की गुंजायश बहुत कम है। सफ़ाई पक्ष की ओर से ज्वाला बाबू नियुक्त हुए।

जिरह के दिन वकील साहब ने भिन्न आकारों के कई लिफ़ाफे मेज़ पर रख दिए। जिरह इस प्रकार हुई।

प्रश्न—उक्त काग़ज इलाहाबाद से किसी व्यक्ति के हाथ आया या डाक द्वारा?

उत्तर—डाक द्वारा।

प्रश्न—सादी डाक से या रजिस्ट्री से?

उत्तर—रजिस्ट्री से।

प्रश्न—आपके सामने कई प्रकार के लिफ़ाफे पड़े हुए हैं। उनमें से किस आकार के लिफ़ाफ़े में आया था?

अभियोगी ने लम्बे आकार का एक लिफ़ाफ़ा उठाकर दिखाया।

वकील साहब ने ठीक उसी आकार का एक सादा काग़ज़ लिया जिस आकार का उक्त जाली क़ागज़ था। फिर अभियोगी से कहा, "इस काग़ज़ को इस लिफ़ाफे में रखकर दिखाइए।" उसने लिफ़ाफे को दो बार मोड़ा पहले लंबाई में, फिर चौड़ाई में और लिफ़ाफे के अंदर रख दिया। ज्वाला बाबू ने काग़ज लिफ़ाफे के अंदर से निकाला। उसमें दो शिकनें पड़ी हुई थीं : एक लंबाई में, दूसरी चौड़ाई में। तब वे बोले, "जब इस आकार का काग़ज़ इस प्रकार के लिफ़ाफे में रखा जाएगा, अवश्य ही उसमें दो शिकनें पड़ जाएँगी, किंतु जो काग़ज आपने पेश किया है, उसमें कोई शिकन है ही नहीं। इसका अर्थ यह हुआ कि काग़ज कहीं बाहर से नहीं आया, कानपुर में ही तैयार किया गया है।"

अभियोग पक्ष के पास इसका कोई उत्तर नहीं था। मुक़दमा ख़ारिज हो गया।

घ

वर्षों बाद की बात है। ज्वाला बाबू को मन्दाग्नि हो गई। इन्होंने लुई कूने की जल चिकित्सा की। तीन सप्ताह का कठिन उपवास किया। इस अग्नि-परीक्षा में ये उत्तीर्ण हो गए। स्वास्थ्य तो पहले जैसा हो गया, किंतु अब उन्हें वकालत के व्यवसाय से अरुचि हो गई। इनके दो पुत्र थे। दोनों व्यापारी थे। एक की मोटर के पुर्जों की दुकान थी, दूसरे ने मोज़े बनियान की एक फ़ैक्ट्री लगा ली थी। दोनों सम्पन्न थे।

एक दिन ज्वाला बाबू ने दोनों पुत्रों को बुलाकर कहा कि अब तुम दोनों अपने पैरों पर खड़े हो चुके हो। मैं अब वकालत करना नहीं चाहता। बोलो, मेरा स्वास्थ्य चाहते हो या पैसा?

दोनों एक स्वर से बोले, "हमें ईश्वर ने सब कुछ दे रखा है। हमें केवल आपका स्वास्थ्य चाहिए। पैसे की कोई कमी नहीं है।" उसी दिन से ज्वाला बाबू ने पाँच-छह हजार रुपये मासिक की चलती चलाती वकालत छोड़ दी और शेष जीवन समाज सेवा में लगा दिया।

• • •